제안왕의
비밀

제안왕의 비밀

초판 1쇄 발행 2015년 9월 7일

지 은 이	김정진
발 행 인	권선복
편집주간	김정웅
디 자 인	최새롬
마 케 팅	정희철
전 자 책	신미경
발 행 처	행복한 에너지
출판등록	제315-2011-000035호
주 소	(157-010) 서울특별시 강서구 화곡로 232
전 화	0505-613-6133
팩 스	0303-0799-1560
홈페이지	www.happybook.or.kr
이 메 일	ksbdata@daum.net

값 15,000원
ISBN 979-11-86673-10-2   03190

행복한 에너지는 독자 여러분의 아이디어와 원고 투고를 기다립니다. 책으로 만들기를 원하는 콘텐츠가 있으신 분은 이메일이나 홈페이지를 통해 간단한 기획서와 기획의도, 연락처 등을 보내주십시오. 행복한 에너지의 문은 언제나 활짝 열려 있습니다.

대한민국을 대표하는 14인의 제안왕!
그들은 어떻게 제안왕이 되었나?

제안왕의 비밀

김정진 지음

배명직 김가성 마용철 정한택 박순복 김정진 방국진 권해욱 윤생진 방순극 홍재석 이상원 정희윤 김규환

행복한에너지

조직에서 제안과 발명은 늘 화두다. 그것이 조직의 흥망을 좌우하기 때문이다. 세계 최고의 자동차 기업 GM은 도요타에게 추월당했다. 전문가들은 도요타의 성공을 '끊임없이 개선하고 제안하는 가이젠(개선) 문화'로 내세운다. 세계 휴대폰 시장의 절대강자 노키아는 삼성에게 자리를 내주었다. 그러나 1등을 만끽하기에는 이르다. 삼성은 이미 휴대폰 최대 시장인 중국과 인도에서 샤오미에게 바통을 넘겼다. 샤오미는 애플의 짝퉁이다. 소비자들도 알고 산다.

그러나 그들에게는 강점이 있다. 소비자들에게 오픈 소스를 제공하고 불편과 개선에 대한 제안을 받아 늦어도 4일 안에 적용한다. 샤오미의 소프트웨어는 실시간 진화한다. 영리한 그들은 안다. 전문 연구원보다 소비자들의 집단 지성이 더 뛰어나다는 것을. 샤오미는 집단 지성을 제안으로 받아 적용하는 '제안 플랫폼'을 구축했다. 샤오미에게 당신들의 책사는 누구냐고 묻는다면 '제안 플랫폼'이라 답할 것이다.

조직에는 반드시 CEO가 있고 제갈공명과 같은 책사가 있다. 어려움을 단박에 해결하고 조직을 이롭게 하는 책사가 여러 명이면 조직은 흥한다. 오늘날 대부분의 조직은 제안제도를 운영하고 있다. 제안을 통해 현장의 불편과 문제점을 해결하고 생산성을 높인다. 조직에서 제안을 가장 많이 실천하는 사람을 제안왕이라 한다. 그들의 무기는 역발상이다. 제안왕은 늘 새로운 제안을 한다. 그 제안은 조직을 먹여 살리고 때로는 위기에서 구하며 미래의 갈 길을 제시하기도 한다. 그래서 제안왕은 조직의 책사다.

금호타이어 광주공장의 고졸 기능공이었던 윤생진은 제안활동으로 6번의 특진을 거쳐 금호아시아나그룹 전략실 차장의 자리에 올랐다. 그는 타이어 공장에서 바퀴를 만들면서 18,600건의 제안을 했다. CEO는 그 점을 높이 샀다. 윤생진은 전략실에서 최고의 두뇌들과 제안을 무기로 진검 승부를 하고 마침내 전략실 상무로 그룹의 공식 책사가 되었다. 그는 제안으로 삶을 새롭게 디자인했다.

현역시절 군사 제안을 통해 제안세계에 입문한 필자 또한 제안을 통하여 군 생활은 물론 인생을 새롭게 디자인하게 되었다.

필자는 2001년에 중사로 전역을 하고 당시에는 없던 군 간부 재입대 제도를 육군본부에 제안해 9개월 만에 하사로 재입대를 하였다. 간부 재입대 1호. 재입대를 하면서 서열이 바뀌었다. 예전의 하급자들은 이제 상관이 되었고 그들 중에는 악의적으로 나를 괴롭히는 사람들도 있었다. 너무 많은 관심과 시선들이 두려움으로 다가왔다. 재입대 6개월 만에 전역을 생각할 정도로 몸과 마음은 지쳐 버렸다. 어머니에게 전역을 말하려고 휴가를 내서 고향에 내려갔지만 막상 어머니 얼굴을 보니 도무지 말을 꺼낼 수가 없었다.

부대로 복귀하는 길. 이른 장마로 버스 차창에는 빗물이 계속 흘렀고, 내 눈에서는 눈물이 계속 흘렀다. 어느새 비가 그치고 '버티고 또 버티면서 일 년 만에 나에 대한 부대 사람들의 평가를 바꿔 놓자.'고 다짐을 했다. 특별한 사람이 되고 싶었다. 업무에 올인 했지만 그것만으로는 부족했다. 그래서 늘 채워지지 않은 갈증이 있었다. 나만의 경쟁력. 백전백승할 수 있는 나만의 무기. 고민 끝에 제안을 전략으로 선택하였다.

첫 제안이 채택되면서 그때까지 무심코 넘겼던 군 생활의 불편함은 모두 제안거리로 보이기 시작했다. 제안이 쏟아지면서 표창장은 쌓여만 갔다. 이제 부상으로 받은 시계들은 후배와 병사들에게 선물로 주었다. 제안은 습관이 되었다. 전투복 건빵주머니에는 배부른 수첩이 늘 함께했다. 미친 듯이 적고 또 적었다. 매일 불편함에 대한 개선과 새로움을 생각하다 보니 제안의 영역은 무한대로 확장을 하기 시작했다. 군사 제안 → 교범·교리 개선 → 전투 발전 제안 → 군용품 특허 → 국가 정책 제안. 곰곰이 생각해보니 당연한 결과였다. 얼핏 보면 각각의 제도가 다른 듯 보이지만 핵심 원리는 모두 '불편함을 편하게 바꾸는 것'이었다. 단지 이름만 다를 뿐.

이후 믿기지 않는 일들이 벌어졌다. 「미아 방지를 위한 아기지문등록제도」가 채택되어 청와대 초청, 국방부 국유특허 1호 등록과 최다 특허 등록, 서울시 명예의 전당 헌액 등등. 부대에서의 적응을 걱정했던 나는 마침내 「제1회 영예로운 제복상」의 주인공이 되어 국방부 장관께 직접 상을 받았다. 상상이 현실로 되는 순간이었다. 그렇게 제안은 나의 삶을 새롭게 디자인해 주었다.

제안은 생각을 다시 디자인하는 것이다. 어떤 문제를 해결하기 위해서는 앞에서도 보고 뒤에서도 보고 뒤집어도 보아야 한다. 그러면 문제가 분해되면서 그 속에 본질이 보인다. 문제의 본질을 중심으로 해결책을 하나씩 상상하다 보면 제갈공명도 울고 갈 비책이 탄생한다. 제안이 습관이 되면 자연스레 자신의 인생도 셀프로 제안하고 디자인하는 과정을 거친다. 그 신기한 경험을 부대 식구들과 공유하기 위해 학습동아리를 만들었다.

이름하여 '창의혁신 학습동아리'. 주로 초급 간부와 병사들이 회원이었고, 처음에는 군 생활의 불편함을 서로 토론하며 해결책을 찾는 제안활동으로 시작했다. 오늘은 방독면, 내일은 방탄 헬멧을 가져다 놓고 서로 불편한 점을 이야기하다 개선점을 찾아 제안을 하는 식이었다. 우리는 그것을 '벌떼 제안'이라고 이름 붙였다. 벌떼처럼 한꺼번에 집중적으로 달려들어 꿀이 흐르는 아이디어를 뽑아내는 것. 무표정하던 초급 간부와 병사들의 얼굴에 생기가 돌았다. 평범하던 초급 간부와 병사들은 제안과 발명 아이디어를 쏟아 내면서 제안가와 발명가로 변신하기 시작했다.

우리는 처음 출전한 전국발명대회에서 무려 9명이 입상하는 쾌거를 이루었다. 2007년 국방부 학습동아리 페스티벌에서는 「특허관리 전담팀 설립」을 최초로 제안하고 우수상을 탔고 행정자치부에서는 우리를 국가 우수학습동아리로 선정하기도 했다. 시간이 흐르면서 나의 예상은 적중했다. 동아리 회원들은 입대하면서 중단되었던 공부를 새로 시작하고 수능 점수에 맞춰 진학했던 학과를 자신이 진심으로 원하는 학과로 바꾸는 중대한 결정도 내린다. 육군과 공군에서는 특허를 관리하는 지식재산전담팀이 생겨나기도 했다. 군 생활의 불편한 점을 바꾸는 제안활동을 통해 조직은 물론 자신의 인생을 새롭게 개선하고 디자인하기 시작한 것이다.

그 생생한 변화를 몇 년간 지켜보면서 나는 더욱더 제안의 비밀이 궁금해졌다. 그리고 비밀의 열쇠는 이미 제안왕에 오른 사람들이 가지고 있을 거라는 생각에 도달했다. 그때부터 황금 같은 휴가가 찾아오면 제안왕들을 만나러 전국 곳곳을 누비고 다녔다. 그들은 어떻게 제안왕이 되었는가? 그로 인해 그들의 삶과 조직은 어떻게 변화했는가? 그 화두를 들고 오랫동안 제안왕의 삶을 추적하는 과정에서 놀라운 비밀을 알게 되었다. 그 비밀을 알게 되면서 필자는 육군 상사에서 호산대학교 유아교육과 교수로 변신하여 꿈꾸었던 삶을 사는 놀라운 경험을 하고 있다. 이제 독자들에게 그 비밀을 공개하려 하니 아! 실로 감개무량하다.

김정진

목차

제3장 특허로 연결해 부를 창조하다

제4장 제안왕 CEO에 오르다

제5장 제안왕의 비밀: 제안 십계명

제6장 제안왕의 아이디어 비밀: 아이디어 십계명

제7장 제안제도 이렇게 만들어라

제1장

제안왕!
삶을
디자인 하다

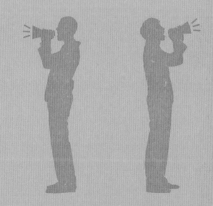

김정진

● 주요 경력
 – 호산대학교 교수
 – 공공제안연구소 부소장
 – 교육학 박사
 – 육군 상사 전역

● 주요 활동과 수상실적
 – 한국 신지식인 선정
 – 대한민국 신창조인 대상 수상
 – 국방부 1호 특허등록과 최다 특허등록
 – 제1회 영예로운 제복상 수상(국방부–동아일보 공동 선정)
 – 서울시 명예의 전당 헌액(최우수 정책제안)
 – 산업통상자원부, 행정자치부, 보건복지부 장관상 등 다수
   수상

● 주요 제안과 발명
 – 미아방지를 위한 아기지문등록제 제안(2012년 전국시행)
 – 소년소녀가장 지킴이 정책 제안
 – 영유아 용품 기부 시스템 구축 제안
 – 국방부 특허제도 운영과 특허 전담조직 창설 제안
 – 스마트폰을 활용한 군 작전 시스템 특허등록

군대 제안왕!
인생역전 신화를 쓰다

− 김정진 −

군대 재입대 1호가 되다

남자들이 가장 두려워하는 악몽은 전역하고 다시 입대를 하는 꿈
이다. 이 악몽을 제도로 만들어버린 사람이 있다. 간부 재입대 제도
를 군대에 제안하고 스스로 1호 재입대자가 된 사람. 바로 필자다.
궁하면 통한다고 했던가. 나의 재입대는 국가 외환위기IMF의 영향이
있었다.

1997년 19살에 하사에 임관하여 최전방 강원도 화천에 배치 받았
다. 장기복무 신청을 하려고 하는데 IMF가 터지면서 군에도 인력 감
축이 진행되어 결국 장기복무 신청도 못해보고 전역을 하였다. 진급
도 1년 밀려 제대 몇 개월 전에 중사로 진급해 나의 인생에서 IMF는

잊을 수 없는 사건이 되었다. 전역하고 최고의 부자가 되어 보겠다는 꿈을 가지고 강남에 입성, 부동산회사에 취직했다. 3개월 동안 강남구, 서초구의 큰 길은 물론 작은 골목까지 다 외우고 나니 자연스럽게 무엇으로 돈을 벌어야 하는지 알게 되었다. 군인들이 지형을 정찰하듯이 모든 빌딩들을 탐색해보니 많은 빌딩에서 '임대 구함'이라고 쓰여 있는 걸 보았고 그것은 곧 돈으로 보였다.

당시 강남에서는 빌딩의 사무실을 전문적으로 임대해주는 부동산 업체는 없었다. 부동산 중개회사에 같이 다니던 형과 빌딩 전문임대 중개사무소를 창업했다. IMF를 지나 벤처 붐이 일던 시기여서 사무실을 구하는 회사들이 많았다. 결과는 대박. 군인 월급과는 비교할 수 없을 정도로 많은 돈을 벌었다. 그러나 허무했다. 빌딩 임대사업은 매매로까지 발전했지만 그럴수록 고객들에게 과장된 말을 하게 되고 심지어 거짓말까지 하면서 심한 죄책감을 느끼게 되었다. 테헤란로는 풍요로웠지만 화천의 오솔길이 더 그리웠다.

다시 군대로 돌아가기로 결심하고 육·해·공군본부에 전화를 했지만 전역한 간부가 다시 입대하는 제도가 없었다. 그래서 육군본부에 「간부 재입대 제안」을 했다. 그로부터 2개월 뒤 육군본부 실무자는 "재입대 제도가 만들어졌으니 재입대 가능합니다."라고 말해주었다. 그렇게 나는 재입대 제도를 스스로 만들고 다시 군대에 갔다. 현재는 장교 전역자들도 부사관으로 다시 재입대를 하면서 이 제도는 성공적으로 군에 정착되었다. '안되면 되게 하라.'를 난 제안으로 실천했다.

제안을 탁월함의 무기로 선택

재입대를 한 나의 두 번째 군 생활은 힘들었다. 중사로 전역해서 하사로 재입대를 했으니 예전에는 까마득한 후배를 상급자로 대우해야 했다. 특히 이러한 관계를 이용해 악의적으로 괴롭히는 상급자들과 충돌이 잦았다. 그럴수록 업무 외에 무언가 탁월한 자신만의 무기가 필요하다는 것을 느꼈다. '업무는 누구나 다 하는 것이 아닌가! 나만의 무기, 부대에서 모두가 나를 인정해 줄 수밖에 없는 탁월한 재능이 있어야 한다!'는 고민 끝에 부대에서 까칠하기로 소문난 제안왕 C 상사가 떠올랐다.

내가 근무하던 방공부대는 복잡한 전자장비와 기계장치들을 다루기 때문에 다른 부대에 비교해 장비개선 소요가 많았다. 특히 해외수입 무기여서 부품은 말도 안 될 정도로 고가였다. 그로 인해 예산절감 제안이 일반 기업처럼 활발하였다. 그 중심에 C 상사가 있었다. C 상사는 분기마다 심의하는 군사 제안에서 매번 채택되어 사령관 표창을 받았다. 수도방위사령부에서 군 생활 20년을 해도 사령관 표창을 한 번도 못 받는 간부들이 많은데 그는 군사 제안으로 1년에 4번 이상을 받고 있었다.

군대에서는 공무원 제안제도에 속하는 국방 군사 제안제도를 운영한다. 금상은 훈장을 수여할 정도로 포상의 규모가 크고 우수제안자는 진급 때 가산점이 있다. 난 제안을 경쟁력으로 선택하고 까칠한 그

상사와 친해지기로 마음먹었다. 그는 성격이 까칠하여 부대의 모든 사람들이 피했는데 그래서 오히려 친해지기가 쉬웠다. 주변에 사람이 없으면 외로운 법이니까.

C 상사의 사무실에 가면 담배 한 갑과 음료수를 건네며 차츰 호감을 샀다. 나의 정성이 C 상사에게 전달되었는지 어느 날 "다음 분기 제안 때 공동으로 한번 해보자. 제안 제목은 「○○회로카드 개선을 통한 국방예산 절감」이니까 다음 주까지 초안 잡아서 가져와!"라고 했다. 나는 "네! 고맙습니다."라고 우렁차게 답하고 그날부터 기존에 채택된 그의 제안서를 보며 씨름을 했다. 그렇게 완성된 제안서 초안은 C 상사에게 무사히 통과가 되었고 사령부에서 채택되었다. 재입대를 하고 3년 만에 일어난 기적이었다. 말단 중대의 하사가 별이 세 개인 사령관 표창을 군사 제안으로 받는다는 게 얼마나 어려운 일인지 군대 다녀온 사람들은 알 거다.

사령관 표창을 받으러 처음으로 사령부에 갔던 날을 아직도 기억한다. 국기게양식이 끝나고 사령관 앞에서 이름이 호명될 때의 그 기분은 말로 표현하기 힘들 정도다. 그날은 하루 종일 구름 위를 걷는 기분이었다. 그리고 제안의 힘을 그때 비로소 깨달았다. 신기하게도 그때부터 부대의 모든 업무가 제안 대상으로 보이기 시작했고 전투복 건빵주머니에는 늘 수첩을 휴대하여 아이디어를 적고 또 적었다. 선후배들과 병사들이 장비 운용을 하면서 쏟아내는 불평불만은 모두가 제안 아이디어로 탈바꿈했다.

첫 시작이 어려웠지 한 번 채택되고 나니까 업무를 대하는 사고의 깊이가 질적으로 달라지면서 제안이 쏟아져 나오기 시작했다. '이거 이렇게 하면 될 거 같은데……. 이 장비는 회로카드를 교체하지 말고 청계천 가서 콘덴서 하나만 사서 교환하면 개당 250만 원을 아낄 수 있는데…….'라는 아이디어가 끊임없이 떠올랐다. 난 매 분기 제안을 했고 매번 우수제안에 선정되었다. 처음에 부상으로 받은 별 세 개가 그려진 사령관 시계를 매일 차고 다니며 애지중지했지만 이제는 동료와 병사들에게 나눠 줄 정도로 흔하게 받는 부상이 되었다. 그로부터 2년 후 난 C 상사를 제치고 부대 제안왕으로 평가받았다. 평범한 군인이었던 난 제안을 탁월함의 무기로 선택하고 실천하여 모두가 인정하는 군대 제안왕으로 거듭났다.

국방부 1호 특허로 군대 특허제도를 만들다

제안 5년 차, 이제 군사 제안에 매번 우수제안으로 채택되고 있었다. 그러나 제안을 거듭할수록 제안제도의 모순점이 보이기 시작했다. 군에서 우수한 제안을 채택하면 그 제안을 다른 부대에 전파하여 공통적으로 적용해야 하는데 후속 조치가 체계적으로 되지 않았다. 군사 제안제도가 일회성 이벤트로 끝나버리는 경우가 많았던 것이다.

그러던 중, '제안제도를 넘어서 군의 모든 아이디어를 체계적으로 관리할 수 있는 방안은 없을까?'라고 고민하기 시작했다. 그래서 생각해낸 것이 특허였다. 사실 우수제안 중에는 특허화할 수 있는 것이 많았다. 군의 특허 현황이 궁금해서 국방부에 알아보았더니 특허를 관리하는 부서와 담당자 자체가 없었다. 군의 특허 보유는 0건이었다. 예상은 하고 있었지만 놀랐다. 63만 명의 군인이 쓰는 국방예산만 약 33조. 우리나라 전체 예산의 10% 규모다.

수많은 국방장비와 물자 개발을 위해 엄청난 예산을 쓰고 있는데 특허가 없다니? 무기 개발과 전력화에 대한 연구용역이 끝나면 용역 회사가 특허를 내는 실정이었다. 나중에 업체로부터 무기를 구매하면 특허료까지 지불하고 있었다. 상식적으로 납득이 가지 않았다. 그때부터 치열하게 특허제도에 대해 공부하였는데, 문득 국방부와 육·해·공군에 국유특허제도를 만들고 체계적으로 관리하는 조직을 구축하는 것과 변리사를 전문사관으로 임관시켜 특허를 관리하도록 하는 방안이 떠올랐다. 부대 C 상사와 함께 고민해서 제안서를 만들어 국방부와 육군에 제안했지만 답변은 '실현성이 없어 불가능'이었다. 안타까웠다.

미군과 이스라엘군은 일찍부터 특허에 눈을 뜨고 수많은 특허를 보유하여 신무기를 개발하고 수출까지 해서 국부를 창출하고 있었지만 아직 우리나라에게는 먼 나라 이야기였다. 국방부 실무자와 이야기해보면 그 필요성은 인식하고 있었지만 조직과 인력을 늘리고 제도를 새로 구축한다는 것은 어렵다고 했다. 이대로 포기해야만 하는가? 다른 방법을 찾아야 했다. 고민 끝에 꾀를 내었다. 먼저 군 장비에 관한 특허를 자비로 내고 소유권을 국방부에 무상양도하는 것. 공무원이 직무와 관련하여 낸 특허는 권리자가 소속 기관 즉 국방부가 되어야 함을 직무발명법 공부를 통해 알고 있었다. 일반기업에서 발명을 하면 직무발명이 되고 공무원이 발명을 하면 국유특허가 되는 것이다.

그렇게 한 달 월급보다 많은 돈을 들여서 특허를 출원하고 국방부로 무상양도를 하였다. 처음에 국방부 담당자는 무상양도를 안 받겠다고 했지만 "나를 법을 어기는 범법자로 만들 생각이냐"며 법에 근거해서 하는 것이라고 설득하였다. 그리고 2009년 8월, 국방부장관 명의의 1호 특허 등록 결정이 났다. 비로소 1948년 창군이래 처음으로 우리군은 필자가 발명한 「통합정비관리시스템」을 국유특허 1호로 등록해 미래 전력의 핵심인 지식재산강군의 포문을 열게 되었다. 이 소식은 곧바로 국방부장관에게 보고가 되었고 그때부터 국방부는 자연스레 특허를 관리하기 시작하였다. 국방부 특허 1호는 국내 일간지 5곳에 보도가 되었고 '자고 일어나니 스타가 되었다.'는 말이 실감나게 그날은 아침부터 밤까지 축하전화를 받았다.

그러나 이제 시작이었다. 특허 1호가 중요한 것이 아니라 우리 군이 특허제도를 구축하여 '돈만 쓰는 군대가 아니라 돈도 버는 군대'로 경쟁력을 갖추는 것이 목표였다. 특허 보유량이 많아지면 전담 조직과 인력이 생길 거라는 확신으로 계속 특허를 출원했다. 그 결과 어느새 나는 최다 특허등록자가 되었다. 나의 예상은 적중했다. 특허 등록이 많아지면서 군에서도 체계적인 특허 관리에 대한 필요성을 인식하기 시작했고 마침내 2012년에 오랜 숙원이었던 지식재산팀이 육군과 공군에 생겼다. 그리고 변리사관제도가 신설되어 변리사가 장교로 임관하여 의무복무를 하면서 특허를 전문적으로 관리하게 되었다. 현재 육군이 등록한 특허는 100여 건이 넘고 시간이 갈수록 기하급수적으로 늘어나고 있다. 미래는 지식전쟁 시대이다. 필자는 제안을 통해 미래 지식전쟁에서 승리할 수 있는 강력한 씨앗인 특허제도를 우리군에 심은 것을 17년 군생활의 가장 큰 보람으로 여긴다.

세계 최초 아기지문등록제를 발명하다

제안을 하다 보면 일상에서 사물을 보는 눈이 깊어진다. 2007년에 딸 지유가 세상에 나온 그즈음, 어릴 적에 엄마를 잃어버리고 고아원을 전전하다가 외국으로 입양된 K 씨의 이야기를 TV에서 보았다. 그날 밤 안타깝고 슬픈 마음에 잠을 못 이루었다.

'한 달 전에도 결혼식에 갔다가 잠시 잃어버려서 속을 태웠는데 우리 딸 지유도 언제든지 당할 수 있는 일이야. 현재의 미아 찾기 시스템으로는 누구라도 안심할 수가 없어. 그렇다면 좋은 방법이 없을까?'

미아가 발생하면 아이를 빨리 찾아줄 수 있는 체계적이고 과학적인 방안이 필요했다. 그때까지 미아를 찾아주는 시스템에선 주변의 어른이 부모를 잃은 아이를 발견하고 경찰서 또는 미아보관시설로 데려가지만 부모가 그곳으로 직접 찾아오지 않으면 며칠 내로 아이는 고아원으로 가버리고 마는 것이었다. 그리고 시간이 흘러서도 부모를 찾지 못하면 새롭게 주민등록을 해서 영영 다른 사람이 되고 말았다. 필자는 앉으나 서나 그 생각이 머릿속을 떠나지 않았다.

그러다가 딸 지유의 지문이 떠올랐다. 지문은 태어날 때부터 있는 것이고 어른이 되어도 패턴은 변하지 않으니 아기 때 지문을 등록하면 되겠다는 생각이 들었다. 성장에 따른 지문의 변화를 인터넷에서 확인해보니 역시 지문 패턴은 변하지 않음을 확인했다. 그리고 아이의 지문을 주민 센터나 경찰서에 등록할 때 부모의 주소와 연락처를 등록하면 손쉽게 미아를 부모에게 찾아줄 수 있을 거라는 확신이 들었다. 그래서 탄생한 것이 「미아 방지를 위한 아기 지문등록제도」이다.

마침 정부에서 제1회 생활공감정책을 공모하던 중이었다. 핵심적이고 간결하게 한 장짜리 제안서를 만들어 제안하였다. 결과는 채택. 제안을 검토한 행정안전부 담당 공무원은 전 세계에서 시행된 적이 없고 미아 방지를 위한 과학적 제안이어서 채택하였다고 말해 주었다. 공공제안에 채택되어 난생 처음 대통령이 주관하는 행사에 초대되었다. 군복을 입고 상을 받으러 청와대 영빈관에 앉아 있으니 꿈만 같았다. '제안이 나를 특별한 사람으로 이끌어 주었구나.'라는 생각이 들었다.

그리고 아기 지문등록제도는 개인정보 제공 문제로 경찰청에서 시행 여부를 검토하여 2012년 7월 1일부터 전국에 시행되었다. 현재 지문을 등록한 아기가 3백만 명 이상이지만 아직 지문 등록을 하지 않은 아기들을 보면 가슴이 철렁한다. 작년에 아동실종 신고가 2만 3천 건이었으니 미아 발생은 우리 모두의 관심과 예방이 필요하다. 올해 실종아동의 날에 SBS 뉴스에서는 아기 사전지문등록에 대해 이렇게 보도하였다.

"아동 실종 사건이 발생했을 때 유용한 게 「아동 신상정보 사전등록」입니다. 이 제도가 처음 시행된 재작년 7월부터 작년 10월까지 통계를 내보니, 실종된 아이를 발견하기까지 걸린 시간이 평균 86시간 36분이었는데, 사전등록을 한 아동의 경우에는 24분에 불과했다고 합니다. 취재과정에서 사전등록을 해 둔 덕분에 잃어버린 아이를 금세 찾을 수 있었던 어머니를 만나고 나니 다른 분들에게도 권할 만한 제도라는 생각이 들었습니다."

그러나 아직 사전등록률이 36%라고 하니 이 글을 읽으신 독자들은 주위에 알려서 사랑하는 아이와 부모가 생이별하는 아픔이 없었으면 좋겠다. 다시 한 번 부탁드린다. 주위에 널리 알려주시라.

나는 신문을 늘 정독한다. 신문을 보면 정치, 경제, 사회, 복지 등 현 시점에서 가장 이슈가 되는 문제들이 기사화된다. 신문기사를 보고 제안을 하여 보건부장관상을 받게 된 사례가 있다. 제안의 씨앗이 된 기사는 '소년소녀가장들이 동생을 보살피고 집안일을 하느라 수학여행도 못 간다.'는 내용이었다. 그래서 생각해 낸 것이 「집안일 도우미제도」였다.

아기를 낳으면 지자체에서 산모의 식사를 챙겨주고 집안일을 대신해 주는 도우미를 파견해주는 제도가 있는데 소년소녀가장에게 집안일을 도와주는 도우미제도를 운영하자는 제안을 하였다. 이 제안은 보건복지부에 채택되어 장관상을 받았고 즉각 시행되었다. 이후로도 서울시에 「영유아 용품 기부제도 구축」으로 2010년 서울시 최우수 창의상에 선정되는 등 수많은 공공제안을 하여 서울시 명예의 전당에 헌액 되기도 하였다. 군대 업무에서 시작된 제안이 공공제안으로 이어져 구체적인 성과를 거두었던 것이다.

일 년에 걸쳐 똑같은 날에 청와대로 초청된 부부

아내는 나의 제안을 어깨너머로 배우고 임산부 때 겪었던 고충을 소재로 「주민등록지와 상관없는 보건소 이용」을 「KBS 오천만의 아이디어」라는 프로그램에 제안했다. 아내는 100명의 평가 방청객 중에서 95명이 찬성해 프로그램이 생긴 이래 최고의 제안으로 선정되어 행정안전부 장관상을 받고 대통령이 주관하는 청와대 오찬행사에 초대되는 영광을 누렸다. 내가 제안으로 청와대에 초청된 날이 2008년 12월 29일. 아내가 제안 채택으로 청와대에 초청된 날이 2009년 12월 29일이다. 제안은 부부를 1년에 걸쳐 똑같은 날에 청와대로 초청하게 만들고 대통령과 오찬을 하는 영광을 주었다.

2012년 1월 4일. 나에게는 평생 잊지 못할 날이다. 동아일보와 국방부가 공동 주관한 「제1회 영예로운 제복상」에 첫 수상자로 선정되

었기 때문이다. 그동안 제안으로 많은 상을 받았지만 '영예로운 제복
상'은 그 의미가 특별했다. 특별한 상이기에 상금도 좋은 일에 쓰고
싶었다. 마침 푸르메 재단에서 장애어린이 재활병원을 건립하고 있
어서 상금의 절반 500만 원을 기부하였다. 제안은 평범한 군인이었
던 나를 특별한 사람으로 변화시켜 주었다.

육군 상사에서 유아교육과 교수로 변신

모든 제안왕들은 평생학습을 한다. 그들은 끊임없이 배워 새로운
지식을 만들어 제안을 한다. 나 또한 고졸로 군에 입대하여 한국방송
통신대를 다녔다. 그러나 쉽지 않았다. 당시 내가 있던 곳은 강원도
화천의 최전방 지역으로 수시로 훈련이 있어서 시험장소인 춘천으로
나갈 수가 없었다. 결국 입학 일 년 만에 포기를 했다. 두 번째 도전
은 5년 후에 시작되었다. 당시에는 속된 말로 짬밥이 되다 보니 상급
자 눈치를 보지 않아도 되었고 시험기간에는 휴가를 냈다. 말 그대로
낮에는 근무하고 밤에 공부하는 주경야독의 시간이었다. 야외훈련을
가면 주머니에 책을 축소 복사하여 시간 날 때마다 읽었다.

그 덕분인지 4년 만에 졸업을 했다. 학사 학위를 받고 나니 석사 과
정에 도전하고 싶었다. 살림살이가 빠듯했지만 욕심을 내고 아내를
설득했다. 전공을 고르다가 「평생교육 · 인적자원 개발」을 발견하고
바로 선택을 했다. 평생교육 학문을 배워 평생 공부를 하고 싶었기 때
문이었다. 그때부터 평생교육의 매력에 흠뻑 취했고 내친김에 박사

학위에 도전을 하게 되었다. 힘든 군대 생활에 단련된 나였지만 박사 과정은 매일매일이 시간과의 싸움이었다. 특히 학위논문을 쓰는 과정에서 흰머리가 두 배로 생겨 주위에서 "갑자기 왜 이렇게 늙었냐?"라고 놀려댔다.

아내의 은근한 협박에 못 이겨 난생 처음 염색을 하기도 했다. 그러나 흰머리가 늘어나고 고민이 많아질수록 논문은 빨리 완성되었다. 그 결과 아주대학교 대학원 교육학과가 생긴 이래 가장 빨리 졸업하는 학생이 되었다. 박사 과정에서 같은 과목을 수강하며 알게 된 유치원 원장은 지나가는 말로 이렇게 말해 주었다.

"우리 원아들 어제 미아방지 지문 등록했어요. 내가 아는 사람이 이거 만들었다고 선생님들한테 자랑 좀 했지. 김 박사 같은 사람이 유아교육과 교수가 돼서 아동안전 분야를 키우면 좋을 텐데……. 그 분야에는 전문가가 거의 없잖아. 엉뚱한 소리 같지만 교육학 박사에다 아동안전정책 전문가니까 유아교육과 교수로 도전해보는 건 어때요?"

한 번도 그런 생각을 해본 적은 없었다. 유아교육과 교수. 군인의 삶에 난 만족하고 있었다. 그러나 그녀의 말이 머릿속에서 떠나지 않았다. 얼마 전에 일어난 세월호 사건과 어린이집 교사의 아동 폭행사건은 안전과 아동교육 전반에 대한 변화를 필요로 하고 있었다. 그 변화에 기여를 할 수 있다면 유아교육과 교수도 의미 있겠다는 생각이 들었다. 그 생각은 시간이 갈수록 강렬해졌고 유아교육과 교수에 지원을 하게 되었다.

이후 임용통보를 받아 육군상사에서 유아교육과 교수로 삶을 새롭게 디자인 했다. 몇 년 전부터 아이들을 키우며 하게 된 영유아 보육정책 제안이 나를 유아교육과 교수로 이끌었다. 지금 난 호산대학교 유아교육과에서 유쾌한 반란을 꿈꾸고 있다. 그 중심에는 제안이 있다.

김가성

● 주요 경력
  - 고창군 공무원

● 주요 활동과 수상실적
  - 고창청보리밭 축제 제안해 180억 원 수익 창출
  - 고창복분자 냉면 개발
  - 고창복분자 술 '선연' 개발
  - 고창군청 앞 멀구슬나무 천연기념물 등재 제안 (천연기념물 503호)
  - 모범공무원(국무총리상) 수상
  - 농림부장관상 수상 등 다수

● 저서
  - 180억 공무원(베스트셀러)

3천만 원으로
180억을 만들다

- 김가성 -

청보리밭 축제로 고창을 먹여 살리다

모두가 '아니오.'라고 할 때 '네.'라고 한 사람. 바로 김가성이다. 오로지 그의 제안, 추진력, 실행력으로 탄생한 청보리밭 축제. 축제 예산은 고작 3천만 원. 아무도 기대하지 않았다. 모두가 미쳤다고 했다. 축제 몇 달 전부터 악몽을 꾸었다. 축제날 아무도 오지 않아 보리밭에 미친 사람처럼 혼자 서 있는 꿈. 그런데 기적이 일어났다. 2004년 첫 축제에서 고창군은 180억 원을 벌었다. 현재까지 누적 수익은 약 2,000억. 스스로 시골 '촌놈'이라고 말하는 그는 어떻게 혼자서 기적의 축제를 만들었을까? 그가 궁금해졌다. 비법을 알아내기 위해 고창으로 달려갔다.

김가성은 태어나고 자란 고창에서 9급 공무원으로 공직에 입문, 그도 보통 공무원과 다를 바 없었다. 시골인지라 딱히 바쁠 것도 할 일도 별로 없었다. 딱 9급 공무원 월급만큼만 일했다. 그러다 보니 시키는 일만 겨우 하다가 6시면 칼퇴근. 오히려 무료한 일상의 연속이었다. 그래서 바둑과 낚시에 취미를 붙이고 시간을 보내고 있었다.

"평소에 잘 알고 지내던 농민 한 분이 자살을 했다는 겁니다. 관할 지역이라 경찰관과 함께 서둘러 갔죠. 사연을 들어 보니 농산물 가격 폭락으로 그만……. 시신을 보는데 등에 식은땀이 흐르는 게 느껴졌어요. 그날 밤 한숨도 못 잤어요. 내가 조금만 판로를 열어 주었으면 이런 결과는 없었을 거라는 죄책감 때문에요."

그날 이후로 그는 서서히 달라졌다. 고창을 알리고 농산물을 팔기 위해 아이디어를 짜내기 시작했다. 가족과 함께 2002년 월드컵을 보러 전주경기장에 간 날 그는 축구가 아니라 잔디를 보고 흥분을 감추지 못했다.

"아들 녀석이 잔디를 보면서 저기서 뒹굴면 좋겠다는 거예요. 자연스럽게 동네 푸른 보리밭이 생각났지요. 제가 어릴 때 보리밭은 놀이터였거든요. 끝이 보이지 않는 푸른 보리밭 길. 옛 생각을 하고 있는데 갑자기 머릿속이 번쩍하는 겁니다. 바로 보리밭이다! 보리밭 축제를 만들자는 생각이 섬광처럼 지나갔어요. 안 그래도 고창을 알릴 축제를 생각하던 때였거든요. 메모지가 없어 기념으로 남기려고 했던 입장권 뒤에 미친 듯이 아이디어를 적었어요.”

　다음 날부터 그는 온통 보리밭 축제 생각뿐이었다. 생각이 거듭될수록 아이디어가 수시로 떠올랐고 수첩에 적고 또 적었다. 더 이상 아이디어가 떠오르지 않을 즈음에 수첩을 뒤적이며 제안서 초안을 만들었다. 「고창 청보리밭 축제 제안서」. 청보리밭 축제의 핵심 테마는 푸른 보리밭의 아련한 추억과 웰빙 먹거리였다. 그는 추억과 먹거리를 씨줄과 날줄로 엮기 시작했다.

　“보릿고개는 곧 보리밥이잖아요. 어른들에게는 추억의 음식이죠. 그리고 거칠지만 구수한 보리 개떡. 이제는 먹고도 싶어도 파는 데가 없어 못 먹는 웰빙 음식 아닙니까. 그래서 축제 때 보리밥 식탁을 차리고 보리 개떡을 만들어 팔아야겠다는 계획을 세웠죠. 그리고 보리밭 사잇길을 걸으며 어른들은 추억에 젖고 아이들은 신나게 뛰어다닐 수 있도록 새끼줄을 꼬아서 산책길을 만들기로 했어요. 그 옆에서는 ‘뻥이요!’ 하고 보리 뻥튀기를 하면 아이들이 얼마나 좋아하겠어요? 동네 노인분들이 보리피리 만드는 방법을 알려줘서 보리피리도 체험하면 좋겠다고 생각했지요. 매일 보리축제만 생각하니까 장면들이 영화처럼 그려지더라고요. 그럴 때면 혼자 실실 웃기도 하고……. 하하!”

　이때만 하더라도 고창 청보리밭 축제는 아무도 모르는 혼자만의 생각이었다. 그러나 김가성은 점점 확신을 가지고 아이디어와 실천 방안을 구체화시키고 있었다. 생각이 막힐 때면 인적도 없는 보리밭에 서서 '저기는 땅이 평평하니 보리밥 식탁을 차려야지. 그리고 저 사이에 산책길을 만들어야겠어.'라며 보리밭에 생기를 불어넣었다.

설득 또 설득: 기나긴 결재라인을 돌파

문제는 보리밭 주인이었다. 주인은 예전 J 국무총리의 아들로 대기업에서 은퇴하고 가족들과 함께 근사한 농장을 꾸리면서 조용히 살고자 시골로 오신 분이었다. 그분에게는 돈도 필요 없고 명예도 필요 없었다. 이미 다 갖추었으니. 더군다나 축제로 농장이 시끌벅적해지는 것을 가장 싫어했다. 그래도 그는 찾아가고 또 찾아갔다. 열 번쯤 찾아갔을 때 항상 웃음으로 반기시던 그분도 얼굴을 찌푸리기 시작했다.

"자네, 내가 싫다고 몇 번을 말했나? 그 정도 했으면 알아들어야지. 오늘은 그 얘기 꺼내지도 말고 차만 마시고 일어나시게."

부드러웠지만 단호한 거절이었다. 얼굴은 웃고 있었지만 가슴은 일렁거렸다. 힘이 쫙 빠지고 아무 생각도 나지 않았다. 더 이상 얘기했다가는 역효과만 날 것 같아서 그만 일어났다. 기어들어가는 소리로 "그럼, 또 찾아뵙겠습니다." 하고 나왔다. 그리고 일주일 후에 또 찾아갔다.

"아이고, 지독하다 지독해. 정말 지독한 사람이야! 그럼 어떻게 하겠다는 건지 이야기나 해봐요."

몇 달 동안 청보리밭 축제만 생각했던 그는 봇물 터지듯이 신나게 계획을 말했다. 조용히 듣고만 있던 그는 몇 가지 질문을 했다. 그 질문은 김가성이 답변을 준비한 예상 질문이었다. 답변을 듣고 난 후에 그는 "가족과 상의해보고 연락할게요."라고 말했다. 하지만 사모님은 완고하게 반대했다. 다 됐다고 생각했는데 설득은 처음처럼 다시 시작되었다. 자주 만나면서 사모님이 마음이 약해지는 부분을 알게 되었고 보리밭을 '여러 사람과 함께 즐길 수 있는 장'으로 만들겠다는 약속에 마침내 허락. 끈질김의 승리였다.

이제 농장주인의 허락을 얻었으니 정식 제안서를 만들어 결재를 맡아야 하는 마라톤이 시작되었다. 결재의 힘은 생생한 내용으로 펄떡이는 제안서. 최종 제안서에 전국에서 열리는 축제를 분석하고 벤치마킹하기 위해 위해 축제란 축제는 모두 돌아다녔다. 그렇게 세 달을 돌아다니니 왜 사람이 붐비는지, 왜 사람이 없는지 눈에 보이기 시작했다. 휴일은 곧 축제에 가는 날. 몇 달 동안 빠짐없이 휴일에 집을 나서며 돈을 써대니 아내는 농담 반, 진담 반으로 "당신! 바람 났수?"라고 했다.

그래도 어쩔 수 없다. 최종 결재자인 군수에게까지 보고서가 올라가려면 보고서만큼은 누구도 시비를 못 걸도록 완벽해야 했다. 일반

보고서와는 달리 제안 보고서는 없던 일을 새로 만드는 일이어서 그 일을 꼭 해야 하는 생각이 들도록 설득형으로 만들어야 한다. 결재과정은 숨이 넘어간다. 이 과정에서 좌절하고 상처받아 포기하는 사람도 숱하게 보았다.

결재라인은 이렇다. 직속상관 산업경제과장 → 관련 부서장 문화관광과장 → 관련 부서장 농업기술센터소장 → 보리밭 지역의 공음면장 → 기획실장 → 부군수 → 예산 통과를 위한 군의회 의원 → 군수. 결재가 위로 올라갈수록 윗분들 스케줄을 꿰고 있다가 쉬는 시간에 들어가야 했다. 반기는 사람은 없고 대부분 '저 양반 또 무슨 일을 벌이려고?' 하는 눈초리로 나를 바라보았다. 계획을 설명하면 반응은 온통 비관적이었다.

A: "그래서 뭐 어떻게 하겠다는 거야?" 하며 중간에 자르는 사람.

B: 꽃도 아니고 보리 보러 거길 왜 가요? 난 안 가.

C: 요즘 지자체에서 축제 때문에 적자 나는 거 몰라요?

D: 예산은 3천만 원밖에 못 줘. 실패하면 예산 낭비한다고 난리 나요.

E: 이거 당신 업무 맞아요?

F: 지금 할 일이 얼마나 많은데 이걸 꼭 해야 하나?

G: 김가성 씨! 부탁인데 일 좀 벌이지마. 피곤해.

H: 누가 월급 더 주는 것도 아닌데 왜 그래?

외롭고 힘들었다. 결재과정에서 상처도 많이 받았다. '내가 이런 소리까지 들으면서 이걸 해야 하나?'라는 자괴감도 들었지만 그럴수록 오기가 생겼다. 그렇게 군수 결재만 남겨놓았다. 마지막 스퍼트를 올려 결승선에 들어가야 하는 순간이다. 미리 부탁해놓은 비서실장에게서 전화가 왔다. "30분 정도 시간 나니까 빨리 올라와요!"라고 한다.

군수실로 올라가면서 브리핑 연습을 계속했다. 떨리는 마음으로 군수님께 최선을 다해 계획을 말씀드리자 군수는 "Ok! Good! 한번 잘해봅시다."라고 하지 않는가? 군수실을 나오는데 희열이 느껴졌다. 무에서 유를 창조. 월드컵 경기장에서 보리밭 축제를 떠올린 지 1년 만의 일이었다.

좌천을 자청하다

꼭 성공시키겠다고 큰소리 떵떵거리며 결재는 받았는데 슬그머니 겁이 났다.

'축제 준비에 내가 관여는 하겠지만 보리밭이 있는 공음면사무소 직원들이 내 뜻대로 움직여 줄까? 그들에게는 힘든 업무가 하나 더 느는 건데 말이야. 안 그래도 군수님 결재가 났다고 전화하니까 목소리가 어둡던데……. 그럼 내가 공음면으로 보직을 옮겨야 하나?'

그러나 곧 진급심사가 다가오고 있었다. 그 시기 김가성은 6급 진급이 유력했었다. 7급 고참이기도 했고 업무추진력을 인정받고 있었으니까. 군에서 면으로 가면 진급은 물 건너가는 것. 그리고 그건 좌천이었다. 며칠을 고민하다가 군수실을 노크했다.

"군수님, 공음면으로 보내 주십시오. 제가 가서 축제를 준비하겠습니다."

군수는 "승진이 늦어질 텐데 그래도 괜찮겠나?"라고 했다. 괜찮다고 말은 했지만 김가성도 사람인지라 내심 진급을 기대하고 있었다. 드디어 진급심사 결과가 나온 날. 그의 이름은 진급 대상자에 없고 공문 마지막에 「7급 김가성 공음면 발령」만 있었다. 막상 진급에 떨어지고 나니 후회가 막심했다. 특히 몇 년 동안 진급을 기다리고 있던 아내를 보니 가슴이 먹먹했다. 이제 뒤돌아볼 것 없이 공음면으로 가서 축제를 성공시키는 일밖에 없었다.

보리밭은 30만 평. 진입로를 만들려고 보니 막막하기만 했다. 수 킬로미터에 달하는 진입로에는 무성한 잡풀과 가시넝쿨만 있었다. 축제 예산은 3천만 원. 인부를 많이 쓸 돈이 없었다. 다음 날부터 머리에 수건 두르고 작업복 차림으로 보리밭에 바로 출근했다. 인부들과 매일 땀범벅이 되도록 가지치기와 제초 작업을 해도 끝이 보이지 않았다.

어쩔 수 없이 군청에 보고해 군 장병 지원을 받았다. 그렇게 진입로 개설, 보리밭 산책로 만들기 등 몇 달간 막노동을 해야 했다. 그렇게 해를 넘기고 또다시 진급심사가 다가왔다. 작년의 쓰라렸던 기억을 떠올리니 쓴웃음이 났다.

'이번에는 되겠지. 이렇게 열심히 하는 공무원 있으면 나와 보라고 그래!'

진급 발표 날. 그날도 보리밭에서 작업을 하고 있었다. 이상했다. 평소에 업무 때문에 자주 전화가 오는 공음면 동료들도 그날만은 연락이 없었다. 해 질 녘까지 아무에게도 전화가 오지 않았다. 일을 하고 있자니 자꾸만 눈물이 후드득후드득 보리밭으로 떨어졌다. 떨어지는 눈물처럼 그렇게 또 진급에 떨어졌다. 아내 얼굴을 보기가 민망해 그날은 밤이 새도록 보리밭을 거닐고 또 거닐었다.

집에 들어가니 아내도 아무 말이 없었다. 다음 날 출근하니 후배가 나를 추월해 진급하고 공음면으로 온다는 거였다. 가혹했다. 김가성은 그의 저서에서 '최소한의 자기 존엄조차도 유지하기가 힘든 시기'라고 했다.

또 한 번 마음을 다잡아야 했다. 다행히 상관으로 오는 후배는 유능한 사람이었다. 거기에 위안을 삼았다. 축제는 점점 다가오고 있었다. 축제의 성패는 홍보가 좌우하는 법. 그러나 예산 3천만 원으로 홍보에 쓸 돈이 없었다. 고심 끝에 페트병 100개에 복분자를 직접 담갔다. 싫은 소리를 했지만 아내가 도와주었다.

이때부터 발에 불이 나도록 뛰어다녔다. KBS, MBC, SBS, 지방방
송, 케이블 TV, 신문사, 기업 사내방송, 학교, 여행작가협회 등에 다
니면서 작가와 PD들에게 복분자를 돌렸다. 할 수 있는 건 다 했다는
생각이 들었다. 이제 모든 걸 하늘에 맡기는 수밖에.

무모한 축제에서 기적의 축제로

어느덧 축제 개막 전날. 일기예보를 확인했다. 비가 온단다. 머리
가 멍해지고 가슴이 두근거리기 시작했다. 새털 같이 많은 날에 하필
개막식에 비라니. 걱정도 잠시. 우산을 사러 여기저기 뛰어다녔다.
읍내에 나가서 우산부터 사들였다. 우산 전부를 싹쓸이해도 200개.
서울 도매상에 급히 연락을 해서 300개를 받기로 하고 고속터미널로
가는 길. 먹구름이 몰려오더니 추적추적 비가 내리기 시작했다. 김가
성의 가슴에도 먹먹한 비가 내렸다.

그동안의 모든 노력이 물거품이 되는 것 같았다. 제안서 결재받으
려고 마음 졸였던 일, 보리밭에서 몇 달 동안 인부들과 막노동했던
일, 보리밭 축제 때문에 좌천을 자청하여 두 번씩이나 진급에 떨어진
일 등등.

우산을 면사무소에 두고 집으로 가니 새벽 1시. 빗소리에 잠이 오질

않아 그길로 보리밭 축제장에 달려갔다. 그때부터 신이란 신은 다 찾아 빌고 또 빌었다. 어느새 날이 밝아왔다. 누가 그랬던가. 간절한 소망은 꼭 이루어진다고. 서서히 비가 그치더니 언제 그랬냐는 듯이 푸른 보리밭처럼 청명한 날씨가 되었다. 휴대폰에 불이 나기 시작했다.

'차가 막혀 마을의 경운기들이 못 움직인다고 짜증내는 어르신', '행사장 수천 미터까지 차가 막혀 군수님 차가 움직이지 못하고 있다는 비서', '페트병 복분자 받고 키득거리며 꼭 오겠다고 약속한 방송국 PD', '보리 개떡 벌써 다 팔려 어떻게 하냐고 물어보는 동료' 등등.

행사는 대성공. 너무 많이 준비한다고 타박을 듣던 보리밥 오천 그릇은 오전에 다 팔아 부랴부랴 읍내에 나가서 컵라면을 사서 대신했다. KBS는 축제 1시간을 생중계했다. 복분자 받고 좋아하던 그 PD. 모든 광경이 비현실적으로 보였다. 꿈인가 싶어 머리를 흔들어 보기도 했다. 그런데 진짜였다. 우습게도 그때부터 난생 처음 기쁨의 눈물이 나기 시작했다.

축제에 다녀간 사람이 56만 명. 순수익 180억 원을 벌었다. 현재까지 누적수익 2,000억 원. 그 모든 것이 김가성의 제안과 열정 그리고 예산 3천만 원으로 이루어졌다. 누구도 예상치 못한 결과. 모두가 무모한 도전이라 했지만 그는 고창 청보리밭을 기적의 축제로 만들었다. 축제가 끝난 다음 달, 김가성은 6급으로 승진했다. 그해 12월에는 공무원 생활 이래 처음으로 모범공무원에 선발되어 국무총리 표창을 받았다. 그리고 얼마 전에는 공무원의 꽃이라는 사무관으로 승진을 했다. 남다른 제안 하나가 그를 스타 공무원으로 만들었고, 고창을 새롭게 태어나게 했다.

지금 내 자리가 꽃자리: 거기서 승부를 걸어라

축제는 끝났다. 김가성은 새로운 일을 시작했다. 제안왕들의 특징은 늘 두 가지 일을 한꺼번에 한다는 데 있다. 시킨 일과 시키지 않은 일. 그래서 동료들에게 질투를 사기도 한다. 시킨 일도 잘하고 시키지 않은 일도 잘하니까. 또 시키지 않은 일로 여러 사람 피곤하게 하니까. 그런데 나중에야 다들 깨닫는다. 시키지 않은 일로 우리가 인정받고 편해졌다는 것을.

김가성은 청보리밭 축제의 성공을 지속적으로 이어가기 위해 여러 궁리를 하고 제안을 한다. 먼저 축제로 자연스럽게 고창의 특산물이 된 보리를 「청보리움」으로 브랜드 네이밍을 했다. 쌀 브랜드는 전국에 약 1,900개가 있지만 보리쌀 브랜드는 없어 경쟁력이 있다고 생각했다. 그렇게 청보리움은 보리쌀 1호 브랜드가 되었다. 그리고 청보리움을 생산할 마을로 공음면을 선정하고 이름도 「고창 청보리움 마을」로 지었다.

청보리움 마을은 우리나라 최초의 「경관농업지역」으로 선정되어 정부지원을 받게 되었다. 이곳에서 생산되는 보리는 쌀보다 비싸지만 예약 판매할 정도로 명품이 되었다. CJ에서는 보리된장을 만들면서 청보리움만 사용하기로 계약을 했다. 오히려 그는 축제가 끝나고 더 바빠졌다. 보리축제를 상품으로 개발하는 일은 축제가 끝나고 1년간 지속되었다.

보리와 연관된 상품들이 자생력을 갖추기 시작하자 김가성은 3년 동안 보리에게 쏟아 온 열정을 복분자로 옮긴다. 고창은 우리나라의 복분자 40%를 생산하고 있다. 복분자의 고장이다. 고창의 복분자가 유명하기는 하지만 내세울 만한 상품이 없는 게 문제였다.

"고창 복분자가 건강식품으로는 다들 인정은 하는데 대표 브랜드가 없으니까 부가가치와 차별성이 없다는 생각이 들었습니다. 그래서 대표 브랜드를 만들어야겠다고 생각을 했지요."

브랜드 네이밍으로 고심을 하던 그는 복분자가 생산되는 선운산을 떠올리고 '선운산의 자연'을 줄여 「선연」이란 브랜드를 탄생시켰다. '선연'이 탄생하기 전까지 고창에는 수많은 복분자 브랜드가 있었다. 김가성은 '선연'으로 고창 복분자를 통일했다. 가시적인 효과가 금방 나타났다.

우선 농가와 가공업체들이 쌍수를 들고 환영했다. 개별 브랜드를 홍보하고 경쟁하면서 불필요한 비용이 발생했기 때문이었다. 김가성은 '선연'의 브랜드 개발과 홍보비용 지원을 위해 정부로부터 「공동마

케팅 조직」 선정을 이끌어냈다. 고창 복분자 브랜드 '선연'은 2014 국가브랜드대상에서 4년 연속 대상을 수상하는 영예를 안았다.

그는 '복분자'를 특허청에 상표로 등록하였다. 복분자가 고창의 독점적인 상표임을 홍보하기 위해서였다. 영화 「뽕」과 「산딸기」처럼 언젠가는 「복분자」 영화도 나올 수 있다고 보고 선점하자는 생각도 있었다. 이 기발한 생각이 소문이 나면서 여기저기서 연락이 오기 시작했다. 여러 방송국과 신문사에서 이 이야기를 소개하면서 자연스레 홍보가 되었다. 복분자에 미쳐있던 김가성은 하동의 녹차냉면 이야기를 우연히 듣는다.

"녹차냉면이 있다는 이야기를 듣다가 바로 복분자냉면이 생각났어요. 녹차도 하는데 복분자도 되겠다 싶었지요. 바로 하동의 녹차냉면 공장에 찾아갔지요. 공장을 자세히 견학하니까 확신이 생기더라고요."

김가성은 복분자냉면 아이디어를 구체화시켜 고창군에 제안을 한다. 오랜 실험 끝에 복분자와 냉면의 황금비율을 찾았다. 복분자 가루 11.6%. 브랜드는 「선연냉면」. 현재 '선연냉면'은 전국에서 선풍적인 인기를 얻고 있다. 김가성은 고창을 먹여 살리고 있다. 그는 말한다.

"모두가 선호하는 자리가 있지요. 그러나 반대로 생각해보면 남들이 가기 싫어하는 자리는 그만큼 열악하고 개선거리가 많다는 증거 아니겠어요? 어느 자리에 가든지 조금만 고민해보면 아이디어를 낼 수 있습니다. 그러니 저에게는 모든 자리가 꽃자리요 꽃보직인 셈이지요."

권해옥

● 주요 경력
 – 부산시설공단 과장
 – 한국 신지식인 협회 자문위원
 – 부산 롯데호텔 시설담당

● 주요 활동과 수상실적
 – 한국 신지식인 선정
 – 롯데그룹 제안왕 선정
 – 부산광역시 승격 50주년 기념 '최다 제안자' 선정
 – 부산광역시 타임캡슐 등재
 – 대한민국 신창조인 선정
 – 건축기계설비기술사 등 국가기술자격 24개 취득

● 주요 제안
 – 1년 1회 치아 스켈링 비용 국민건강 보험 적용 제안
 – 세금 납부 영수증 '체납세액 표시제'
 – 자갈치시장 해수인입설비 개선
 – 지하철 시트에 좌석위치 표시 제안

자연 숭어떼 공연
보러 오이소

— 권해옥 —

나는 노다지 캐러 회사에 간다

어려운 가정 형편에 권해옥은 일찌감치 김해 건설공고로 진로를 결정했다. 그곳에서 학교 역사상 가장 많은 7개의 기능사 자격증을 취득하고 졸업. 바로 군 입대를 했다. 군 생활이 체질적으로 잘 맞아서 직업군인 지원을 고민했을 정도. 그러나 고민 끝에 병장으로 만기전역을 하고 고려강선에 입사를 했다. 거기서 자신의 인생을 송두리째 뒤바꾼 운명의 제안제도를 만난다.

"처음에는 회사가 미친 거 아닌가라는 생각이 들었습니다. 제안 1건을 내면 3천 원을 지급했어요. 채택 여부와 상관없이 무조건 3천 원을 주니까 제안을 안 하는 사람은 한 사람도 없었어요. 거기다 채택되면 등급별로 몇만 원씩 주니까 저도 퇴근하면 눈에 불을 켜고 제안서를 썼습니다. 그렇게 제안기법을 배웠지요. 덕분에 상금도 많이 벌었습니다. 하하!"

고려강선은 도넛처럼 생긴 철강 코일을 만드는 회사다. 당시 직원은 400명. 권해옥이 처음 입사할 때는 생산라인에서 철강 코일을 하나씩 생산했다. 그러나 전 직원의 제안 열풍에 아이디어가 폭발적으로 나오면서 한 개를 생산하던 라인에서 네 개의 철강코일을 생산하게 되었다. 생산력은 네 배로 증가하고 인력의 소요는 1/4로 팍 줄었다.

남는 인력은 잘렸냐고? 아니다. 회사는 여유 인력에 맞추어 공장을 4개 더 증설했다. 그리고 지속된 제안으로 완전한 공장 자동화를 이루면서 생산직 사원은 더 이상 필요 없어졌다. 그로 인해 생산직 사원들은 모두 증설된 공장에 반장 직책을 맡으며 일을 하게 되었다. 마법과 같은 제안의 놀라운 힘을 목격한 권해옥은 그때부터 본격적인 제안의 세계로 빠져들었다.

어느 날 권해옥은 신문에서 부산롯데호텔 공채 1기 채용공고를 보았다. 호텔리어에 대한 막연한 동경이 있던 그는 과감히 지원서를 내고 합격해 회사를 옮긴다. 공채 1기로 입사한 그의 눈에 호텔은 제안할 것이 너무 많은 보물섬이었다. 그런 그에게도 위기가 찾아온다. 외국의 왕실에서 VIP룸에 투숙을 했는데 냉장고의 미세한 소음 때문에 한숨도 못 잤다고 항의가 들어왔다.

호텔은 바로 비상상태 돌입. 특히 시설을 담당하는 권해옥에게는 발등의 불이었다. 객실로 들어가 밤에 잠을 자는 투숙객과 똑같은 환경을 만들기 위해 불을 다 끄고 빛이 들어오지 않게 커튼도 쳤다. 사방은 고요했다. 조금 있으니 '웅' 하는 소리가 진짜로 들렸다. 미니바 냉장고의 소음으로 냉장고 위의 컵까지 떨리는 걸 알 수 있었다. 그는 냉장고를 완전히 분해했다. 그러나 소음의 진원지를 찾기는 쉽지 않았다. 며칠간 퇴근도 하지 않고 밤을 새웠지만 해결책을 못 찾아 마음은 더욱 초조해져 갔다. 시설팀장과 동료들은 그런 그가 안쓰러웠다.

"냉장고의 기술적 결함을 우리가 어떻게 해결하나? 냉장고 만드는 회사도 아니고. 냉장고 회사에 물어보니까 소리 안 나는 냉장고는 없다더라. 해옥 씨, 이제 그만 포기해."

모두가 안 된다고 하니까 더욱 더 해결해 보고 싶었다. '이제 한 시간만 더 해보고 안 되면 정말 포기해야지.'라는 생각에 컴프레서를 조립하는 과정에서 뜨거운 냉매배관에 드라이버가 살짝 닿는 순간 냉장고가 조용해졌다. '잘못 들었나?' 싶은 생각에 엄지와 검지로 뜨거운 냉매배관을 잡았더니 거짓말처럼 소음이 딱 멈추었다. 기쁘기도 하고 허탈하기도 하고. 바로 자재창고로 내려고 냉배배관을 감쌀 수 있는 고무패킹을 찾아서 끼웠다.

이제 냉장고는 음소거 모드. 그는 기쁜 마음에 호텔을 방방 뛰어다녔다. 그 소식은 신속히 총지배인에게 보고가 되었고 임원들이 지켜보는 앞에서 냉장고를 잠재우는 시범을 보였다. 권해옥은 이 개선을 정식으로 제안해 부산 롯데호텔 800개의 냉장고를 잠재웠다. 꼬박 두 달이 걸렸다. 그는 위기를 뒤집어 기회로 바꾸었다.

그는 입사 후 1,000건의 제안으로 5년 연속 제안왕에 선정되었고 2005년에는 롯데그룹 전체에서 최우수 제안왕에 올랐다. 롯데호텔 식당에는 이달의 인물 사진을 걸어 놓는데 권해옥의 사진은 한 번도 내려온 적이 없다. 권해옥은 호텔 시설관리 직원이었지만 호텔리어들보다 서비스 분야에 월등히 많은 제안을 했다. 그런 그를 눈여겨보던 이종규 사장은 권해옥의 두 계급 특진을 지시한다. 롯데호텔이 생긴이래 처음이다.

또한 사장이 하는 월례조회를 대신하여 1,000명의 직원 앞에서 제안 사례를 발표했다. 마침내 권해옥은 한국 관광의 날을 맞이하여 전국의 쟁쟁한 호텔리어들을 제치고 「최고의 호텔리어상」을 수상한다. 호텔리어가 아닌 시설관리 직원으로는 우리나라 최초다. 권해옥은 말한다.

"회사에 가면 일을 하는 과정에서 불편을 느낍니다. 내 눈에 꼭 보이지 않더라도 평소에 불평불만을 많이 하는 직원과 대화를 하다 보면 그의 입에서 제안거리가 술술 나옵니다. 다른 직원들은 늘 불평불만을 하는 그런 직원을 싫어하지만 저는 아주 친하게 지냅니다. 불평불만은 곧 제안거리거든요. 그런 불편을 개선으로 바꾸는 제안을 하면 회사에서 인정을 받고 보상을 해주니까 제게 직장생활은 곧 금맥을 캐러 다니는 것과 똑같습니다."

자갈치 시장을 물갈이하다

권해옥은 건설기계설비 분야에서 자신의 전문성을 더 발휘하기 위해 부산시설공단으로 이직을 하였다. 현재 그는 자갈치 시장 사업소에서 근무하고 있다. 그를 찾기 위해 수소문하다 만난 시장 상인은 이런 이야기를 들려주었다.

"권해옥 씨는 자갈치 시장의 명물입니더. 그 사람 덕분에 이제 자갈치 시장에서는 전국에서 가장 싱싱하고 깨끗한 활어회를 드실 수 있을 거라예. 현재는 식당 어항물을 바다에서 끌어와 소독을 해서 쓰거든예. 그런데 모랫벌에 배관을 박아 바닷물을 자연적으로 정화해서 공급하는 「해수 위생 공급장치」를 권해옥 씨가 제안했다 카데요. 저기 크레인들이 바다 속에 배관을 박고 있는 거 보이지예? 저 배관으로 오염되지 않은 바닷물이 우리 식당 어항으로 바로 공급된다 캅니더. 그라믄 어항에 비싼 정화장치를 따로 달 일이 없어지니까 이거는 머 최고 아입니꺼."

자갈치 시장은 하루 2만 톤의 해수를 사용한다. 이 해수는 주로 시장에서 물고기를 보관하는 어항의 물로 사용된다. 그럼 해수는 어디에서 가져올까? 자갈시 시장 바로 앞 바닷물을 대형 파이프로 공급받고 있다. 아무래도 배가 수시로 정박을 하는 그곳의 물은 깨끗하지 못하다. 특히 태풍이나 적조가 발생하면 오염된 해수가 유입되어 상인들은 늘 조마조마한 마음이었다. 그래서 권해옥이 나섰다.

그는 시장 상인들의 가장 큰 애로를 해결하기 위해 먼저 해수 유입 실태조사를 했다. 그 결과 깜짝 놀랄 사실을 알게 되었다. 바닷물을 유입하는 호스가 연간 5천 번 정도 막히고 있었던 것이다. 이유는 바다의 쓰레기와 이물질. 해수관리는 어패류 조합 직원들이 하는데 이들은 수시로 막히는 파이프 때문에 매일 바다로 나가 파이프를 뚫는 힘겨운 사투를 벌이고 있었다. 그들의 불만은 컸다. 그러나 자신들이 "이곳에 일하기 전부터 있었던 일이고 다른 방법이 없다."라며 무덤덤하게 받아들이고 있었다.

시장 상인들은 호스가 자주 막혀 해수를 제때 공급받지 못하고, 파이프를 관리하는 직원은 매일 바다로 나가 호스를 뚫고 있는 비정상적인 일을 그냥 넘길 권해옥이 아니다. 그때부터 해외와 국내의 개선 사례를 수집하고 해수 전문가들에게 전화를 쉴 새 없이 돌렸다. 그러나 마땅한 해결책이 나오지 않았다. 답답한 마음에 물끄러미 사무실의 어항을 보고 있었다. 문득 어항 속의 모래는 단지 보기 좋으라고 있는 미관용인가 하는 생각이 스쳤다.

"어항에 모래가 있는 것처럼 바다에는 모래가 있잖아요. 분명히 모래가 있는 이유가 있을 거라는 생각이 들었어요. 그래서 모래의 역할을 책에서 찾아보니까 바닷물을 자연 정화하는 역할을 발견했습니다. 그러면 바닷물을 빨아들이는 배관을 모래뻘 속에 삽입하면 되겠다는 생각을 하게 되었어요. 그리고 기술적으로 타당한지 전문가들에게 자문을 구했지요. 한결같이 기술적으로 가능한 것은 물론이고 자연 정화된 물을 공급받는 좋은 아이디어라고 말해 줘서 기분이 아주 좋았습니다."

권해옥은 아이디어를 정리하여 부산시설공단에 정식으로 제안을 하였다. 결과는 굿! 이후 사업 타당성을 검토한 결과 연간 약 3억 4천만 원의 유지보수비용이 절감되는 것으로 나왔다. 부산시설공단은 권해옥의 「해수 위생 공급시스템」 건설제안을 채택하고, 30억 원을 투입하는 과감한 결정을 내린다. 현재 자갈치 시장 앞바다에는 28m의 긴 파일을 272개 박는 대형 공사가 진행 중이다.

이 소식은 삽시간에 전국의 바닷가로 퍼져 나가 한동안 권해옥의 전화통에 불이 났다. 그는 특허출원을 통해 전국의 여러 지방자치단체에 기술을 공개하려고 준비 중이다. 지금 권해옥은 부산 앞바다를 물갈이하고 있다. 그의 물갈이가 하루빨리 전국으로 퍼져나가 우리 집 앞에 있는 횟집에서도 깨끗하고 싱싱한 회를 먹었으면 하는 바람이다.

전 국민에게 치아 스케일링 보험을 들어주다

정기 건강검진을 받으러 간 권해옥. 치과검진 의사는 "스케일링하세요. 스케일링을 해야 치아와 잇몸이 건강해집니다. 스케일링을 잘하는 게 치과 진료비를 줄이는 길이에요."라고 말한다. 그는 치아와 잇몸의 건강보다 치과 진료비를 줄인다는 말에 귀가 솔깃해져 스케일링을 꼭 해야겠다는 생각이 들었다. 그리고 몇 년 전에 아버지께서 치과 치료를 하는 데 750만 원이나 든 기억이 새삼 떠올랐다. 권해옥은 치과로 직행해 스케일링을 받았다. 역시 치아와 잇몸이 깨끗해지면서 상쾌한 기분이 들었다. 그런데 자꾸 아버지 생각이 났다.

"아버지도 스케일링을 매년 받아서 치아를 정기적으로 관리했다면 한꺼번에 큰돈이 진료비로 나가지 않았을 거라는 생각이 들었어요. 문제는 돈입니다. 스케일링하는 데 몇 만 원씩 드니까 어르신들은 돈 아깝다며 잘 안가잖아요. 우리 아버지도 그랬고. 이걸 국민건강보험으로 해주면 좋겠다는 생각이 들었어요. 물론 스케일링을 건강보험으로 해주면 예산이 많이 들겠지만 넓게 보면 국민들의 치과 진료비를 확 줄여주는 효과가 있거든요."

권해옥은 2005년 「치아 스케일링 1년에 1회 건강보험으로 적용하자는 제안」을 한 장의 제안서로 만들어 보건복지부에 제출했지만 '현실적 적용이 불가하며 차후 예산이 수반되면 적용을 검토하겠다.'는 답변을 받는다. 사실상 불채택. 그는 포기하지 않고 스케일링을 건강

보험으로 지원하면 오히려 국민들의 치과 진료가 줄어들어 건강보험 재정 절감이 크고, 국민들의 치아가 튼튼해지면 단단한 음식도 골고루 씹어 먹게 되어 국민 건강 증진의 효과도 같이 볼 수 있는 일석삼조의 정책제안이라며 실무자를 지속적으로 설득했다.

그의 노력이 정부를 움직인 걸까? 정부는 2013년 7월 1일부터 만 20세 이상의 성인을 대상으로 연간 1회에 한하여 스케일링에 의료보험 적용 제도를 시행하였다. 한번에 5~6만 원씩 하던 스케일링 비용은 보험 혜택을 받아서 13,000여원으로 싸졌다. 권해옥은 제안을 통해 국민 모두에게 스케일링 보험을 선물하였다. 이제 스케일링 받을 때마다 그가 생각날 것 같다.

자연 숭어 떼 공연장을 제안하다

자갈치 시장하면 '오이소, 보이소, 사이소.'가 떠오른다. 역시 관광은 눈으로 즐기고 입으로 느끼는 건가 보다. 시장 상인들의 "보고 가이소, 묵고 가이소."라는 활기찬 외침과 펄떡이는 온갖 물고기들은 삶의 활력으로 다가온다. 그곳에 가노라면 조금은 축 처진 어깨가 나도 모르게 흥겨워진다. 대형마트는 편리함을 주지만 자갈치 시장은 우리들에게 살아갈 힘을 준다. 사람과 사람이 공존하는 곳. 나 같은 뜨내기들은 자갈치 시장에 더 이상 바랄 것이 없다. 그러나 매일 그곳을 마주하는 권해옥은 다른가 보다.

"자갈치 시장은 부산의 명소입니다. 그래서 관광객들이 많이 오지요. 그런데 부산시민이 아니면 두세 번 찾아오지는 않습니다. 관광을 하고 나면 다음에 꼭 다시 와야지 하는 생각을 들게 해야 하잖아요. 그러려면 자갈치 시장만의 독특한 차별이 있어야 되는데 그게 2% 부족하다는 생각이 들어요. 막연하게 그런 생각을 갖고 있었는데 어느 날 관광객들이 함성을 지르는 걸 들었습니다. 어딘가 하고 봤더니 시장 바로 앞에 바다가 보이는 곳이었습니다. 거기에 엄청난 숫자의 숭어 떼들이 가끔씩 지나가거든요. 그 순간 '그래, 숭어 떼다!'라는 생각이 들었습니다."

은빛 등을 곧추세운 숭어가 떼로 지어 다니면 은빛 물결이 일렁이며 춤을 춘다. 그 숭어 떼의 군무를 보노라면 누구든 저절로 탄성을 지르게 된다. 권해옥은 숭어 떼의 은빛 공연을 관광 상품화한다면 자갈치 시장은 자연 숭어 떼 공연장으로 유명한 관광 명소가 되리라는 확신이 들었다. 울산의 고래바다 여행선이 큰 인기를 끌면서 관광객이 5.7배 증가했다는 소식도 그에게 힘을 실어 주었다. 그러나 문제는 숭어 떼가 나타나는 시간대가 들쭉날쭉하다는 것. 숭어 떼 공연장에서 숭어를 못 보면 오히려 자갈치 시장의 이미지가 타격을 입을 터. 울산 고래 관광도 고래 발견율이 13%대로 떨어지면서 북적대던 관광객이 줄고 있다고 하니 걱정이 되었다.

권해옥은 한 달에 걸쳐 자갈치 시장 앞바다에 숭어 떼가 나타나는 시간의 평균을 내보았다. 그 결과, 오후 2~4시면 어김없이 나타났다.

그러나 관광객에게 "오후 2~4시 사이에 나타나니까 기다리면서 보세요." 할 수는 없는 일. 결국 숭어 떼를 약속된 시간에 불러 모으는 것이 관건이었다. 그날도 자갈치 시장 앞바다에서 숭어 떼를 관찰하고 있는데 관광객으로 보이는 아줌마가 새우깡을 한 움큼 던졌다. 순간 새우깡을 차지하려는 숭어 떼의 치열한 몸부림으로 바다가 출렁거렸다. 권해옥은 무릎을 쳤다. 왜 진작 그 생각을 하지 못했을까? 오후 2~4시 사이에 먹이를 주면 되겠다 싶었다. 구체적인 그림이 머리에 그려지기 시작했다.

"자갈치 시장에서 바다를 바라보는 전망대에 작은 먹이 대포를 설치하고 숭어 떼의 이동 경로에 맞추어 먹이를 쏘려고 합니다. 먹이 대포는 자연스럽게 숭어 떼가 찾아오는 오후 2~4시에 30분 간격으로 자동으로 발사를 할 거예요. 그러면 관광객들은 정확한 시간에 자연 숭어 떼 공연을 볼 수 있지요. 당연히 친환경 먹이를 사용해서 숭어의 건강도 지키고 바다의 수질오염도 막을 겁니다."

누구든지 상상은 한다. 그러나 상상을 현실로 만드는 것은 어렵다. 제안은 상상을 현실로 바꾸는 실천의 방법이고 힘이다. 권해옥은 상상을 현실로 바꾸는 사람이다. 그는 자갈시 시장 얼음골 쉼터도 내년 여름 개장을 목표로 추진하고 있다. 자갈치 시장 건물의 중간에는 뻥 뚫린 공간이 있다. 그곳으로 시원한 바닷바람이 불어온다. 여름에는 자연 에어컨이 따로 없다. 그는 바람이 불어오는 그곳을 관광객의 쉼터로 꾸미자고 제안을 했다. 그 제안은 채택되어서 이미 8천만 원의 예산 배정을 받아 꽃단장을 하고 있다.

　오해 마시라. 권해옥은 관광공사 직원이 아니고 부산시설공단 직원이다. 제안왕은 제안의 종류를 가리지 않는다. 일상생활에서 상상하는 대로 떠오르는 대로 제안을 한다. 그 결과 권해옥은 세금 영수증에 체납세액 표시제를 제안하여 시민들의 영수증 보관 부담을 줄여 주었고, 광안대교 자살 방지 전화, 위치 추적 수갑 등 지금까지 셀수 없이 많은 공공제안을 하였다. 청와대에 초청받아 제안 사례를 설명하기도 하였고, 부산광역시 승격 50주년 행사 때는 「부산시」 최다 제안자」로 기네스에 등극하여 타임캡슐에 등재되는 기록을 남겼다. 김해 건설공고를 졸업하고 평생학습을 실천하여 1년 만에 독학사 취득, 2014년에는 기술계의 박사라는 기술사를 8년간의 도전 끝에 기어코 따내기도 하였다.

　그는 여러 번 직장을 옮겼다. 그가 가는 곳에는 늘 변화의 바람이 분다. 자갈치 시장에도 변화의 바람이 불고 있다. 내년 여름에는 자갈치 시장으로 떠나자! 그곳에 가면 자갈치 시장의 변화의 바람과 함께 부산 바다의 시원한 바람이 머무는 얼음골 쉼터를 만나게 된다. 그리고 은빛으로 춤추는 자연 숭어 떼 공연을 보며 세상에서 가장 싱싱하고 깨끗한 활어 회를 맛볼 수 있다. 아! 벌써 군침이 돈다.

마용철

● 주요 경력
 – 공공제안연구소장
 – (유) 제안&제화 대표
 – 한국 신지식인 연합대표

● 주요 활동과 수상실적
 – 한국 신지식인 선정
 – 서울시 시민제안 심사위원
 – 전라남도 시민제안 심사위원
 – 목포시 시민제안 심사위원
 – 대통령상 수상 등 다수

● 주요 제안
 – 에어컨 실외기 바람 차단막 설치 제안(법제화)
 – 야간 횡단보도 상단 라이트 설치 제안(전국시행)
 – 목포시 갓바위 해상 보행교 설치 제안 등 다수

공공제안에
목숨을 걸다

- 마용철 -

야간에 횡단보도를 밝혀라!

친구에게 부고문자가 왔다. 「○○의 여동생 소천. 목포 D장례식장.」 죽마고우의 여동생이었다. 친구 집에 가면 늘 반겨주던 그 아이. 중·고등학교 시절 길에서 만나면 쑥스러워하며 고개를 숙이던 그 아이. 어린 시절을 거쳐 성장기 그리고 성인이 된 지금까지 함께 커 왔다. 군대를 전역하고 들었던 소식은 대학교를 졸업하고 공무원 시험에 합격해 목포시청에서 근무한다고 했다. 얼마 전에 우연히 마주쳤던 그 친구는 건강하고 활달해 보였는데……. 슬픔이 뚝뚝 묻어났다. 왜 죽었을까? 마용철은 가게를 직원에게 맡기고 장례식장으로 허겁지겁 달려갔다. 거기서 황망한 표정의 다른 친구를 만났다.

"어제 시청 앞 횡단보도 있잖아. 거기서 차에 치였다더라. 밤늦게까지 야근하고 길을 건너는데 달려오던 차가 못 본 모양이야. 거기 횡단보도가 좀 어둡잖아. 참, 거기 네 가게 앞이잖아. 그럼 더 잘 알겠네."

마용철이 운영하는 부동산 중개법인은 친구 여동생이 죽은 횡단보도 바로 앞에 있었다. 친구의 말에 넋을 놓았다. 자기 탓인 것 같았다. '그날 내가 밤까지 가게 불을 켜놓고 있었더라면 사고를 막을 수 있었을 텐데…….' 하는 슬픔과 자괴감에 속이 쓰렸다. 쓰린 속에 소주를 계속 들이켰다. 날밤을 새웠지만 취하지 않았다. 마용철은 가게 문을 열고 창문 너머의 횡단보도를 쳐다보았다. 야속했다. 무심히 자동차가 지나가고 사람들이 건너다녔다.

'세 달 전, 밤에도 할머니가 저 횡단보도에서 죽었지. 빌어먹을 사람 잡는 횡단보도! 대책이 필요해.'

어두운 저녁이면 컴컴하여 보이지 않는 횡단보도. 저곳을 지나가는 사람들. 새벽이면 쌩쌩 달리는 자동차들. '그래! 신호등을 길게 뽑아서 라이트를 달면 되겠구나.'라는 생각이 든 마용철은 줄자를 들고 횡단보도로 나갔다. 길이에 따른 전등의 개수를 계산했다. A4 용지에 어제 사고 경위와 문제점을 생각나는 대로 적었다. 마지막으로 횡단보도 라이트의 그림을 그려 넣고 예방책을 썼다. 목포시청 건설교통과에 가서 담당 공무원을 만났다.

"정말 좋은 제안입니다. 저도 어제 사고를 접하고 대책이 필요하다고 느꼈습니다. 횡단보도 위에 라이트를 단다면 어제와 같은 사고는 예방할 수 있겠네요. 고맙습니다. 상부에 보고를 해서 추진하겠습니다. 시행이 되면 연락을 드리겠습니다."

담당 공무원은 의외로 친절했고 우호적이었다. 그도 몇 차례의 사고로 개선의 필요를 느끼고 있었다. 그리고 1개월 후, 담당 공무원에게서 전화가 왔다.

"마용철 씨 덕분에 제가 시장님에게 칭찬까지 들었습니다. 시장님께서 적극 추진하라고 하시네요. 이번 달 15일부터 공사에 들어갑니다. 좋은 제안 내주셔서 감사합니다."

마용철의 제안으로 목포시는 우리나라 최초로 횡단보도 위에 라이트를 설치했다. 야간에 횡단보도를 건너면서 발생하는 사고는 급격히 줄어들었다. 이 소문이 다른 지역에 퍼지면서 지금은 전국에 「횡단보도 라이트」가 설치되었다. 마용철의 슬픔은 제안이 되었고 그 제안으로 또 다른 사람들의 슬픔은 줄어들었다.

제안에 미친 사람

공공제안의 효과를 단박에 알게 된 마용철은 제안을 쏟아내기 시작한다. 그동안 제안은 창고를 가득 채울 정도. 앉으나 서나 제안만 생각했다. 그는 전국의 공공제안 대회에 모두 공모를 하였다.

"제안공모대회 마감일을 항상 체크를 하지요. 마감일에 그동안 생
각한 제안을 팩스로 보내기 시작하는데 팩스가 고장 난 적이 한두 번
이 아닙니다. 분량이 많을 때는 아예 CD로 구워서 제출한 적도 있습
니다. 공무원들이 난감해하지요."

그는 제안공모대회가 없을 때에도 수시로 제안서를 작성해 보낸다.
그렇게 시행된 제안들은 그가 아닌 다른 사람이 채택자로 된 경우도
많았다. 그러나 그는 개의치 않는다. 채택이 목적이 아니라 실현이 목
적이기 때문이다.

그의 일상생활은 곧 제안활동이다. 어느 여름날. 무더위에 길을 걸
어가다가 식당 앞 에어컨 실외기의 뜨거운 바람을 맞았다. 거기다가
청국장 냄새까지 풍기니 기분이 좋지 않았다. 길을 가던 사람들을 유
심히 보니 그곳을 피해 다녔다. 마용철은 항상 가지고 다니던 제안수
첩을 꺼내서 메모를 하기 시작했다. 해결책은 실외기 바람방향을 하
늘로 바꿔주는 장치. 「에어컨 실외기 차단막」은 그렇게 탄생했다.

그러나 문제가 있었다. '에어컨 실외기 차단막'을 설치하려면 추가
비용이 들기 때문에 법제화가 되지 않으면 실효성이 없었다. 2000년
에 제안을 하고 4년 동안 추적하고 확인해서 2004년에 법제화를 시켰
다. 덕분에 우리는 가뜩이나 무더운 여름날에 실외기에서 나오는 뜨

거운 바람을 더 이상 맞지 않게 되었다.

"제안을 하려고 하는데 아시는 분이 그래요. 특허 내라고. 아마도 에어컨 실외기 차단막을 특허로 출원했으면 돈은 좀 벌었을 겁니다. 하지만 모두가 차단막을 달지는 않았겠지요. 그런데 공공제안을 통해 법제화를 시켜 놓으니 꼼짝없이 다 설치를 합니다. 작은 불편이지만 이제는 모두가 그 불편을 겪지 않습니다. 제가 공공제안에 미친 이유가 바로 이겁니다."

공공제안에 일생을 바친 사나이

목포에서 마용철은 부동산의 전설로 불린다. 목포의 부동산 중개법인 1호를 설립하고 많은 거래를 성사시키며 큰돈을 벌고 있었기 때문이다. 그와 한번 거래를 한 손님은 여지없이 그의 단골손님이 되었다. 그는 손님과의 신뢰를 최우선으로 하는 중개업자로 정직이 그의 사명이었다. 부동산밖에 모르던 그가 횡단보도 라이트 설치를 통해서 공공제안의 중요성에 눈을 뜨기 시작했다. 자신의 제안 하나가 사람을 살리기도 한다는 것을 깨달았기 때문이다.

그때부터 그는 대부분의 시간을 부동산 중개보다는 공공제안을 연구하며 보냈다. 2000년 그는 결단을 내린다. 부동산 법인을 정리하고 공공제안에 일생을 바치기로 한다. 서울로 상경, 용산 효창공원 근처에 공공제안연구소를 차리고 상근직원 두 명을 고용한다. 사무실을 운영하려면 많은 도움이 필요했지만 마용철은 어떠한 지원도 없이 그동안 벌어 놓은 돈으로 해결을 했다. 정부가 할 일을 개인이 그것도 자비를 털어서 한 것이다.

"제안활동을 할 때 아내가 많은 도움을 줬어요. 그렇지만 부동산 법인을 그만두고 공공제안연구소를 차린다고 하니까 반대를 하더라고요. 아무래도 자식이 둘인 데다가 당시에 아이들이 중학생이었으니까 이제 막 돈이 들어갈 때잖아요. 그래도 해야겠다는 생각이 들었습니다. 내가 안 하면 누가 하냐는 생각도 있었고 공공제안으로 세상을 변화시킬 수 있다고 생각했습니다. 공공제안에서 희망을 본 거죠."

그는 공공제안연구소 홈페이지를 통해 시민들의 제안활동을 지원하고 전 국민 1인 1제안 운동 캠페인을 열어 나간다. 그리고 전국의 시·군·구청에 있는 제안담당자들에게 이메일과 편지를 보내 제안활동 자문을 자청하기도 하였다. 마용철은 공공제안 운동가로 서서히 알려지기 시작하였다.

"전국의 제안 담당 공무원들에게 제안의 필요성과 활성화에 대한 내용을 적어 고급 한지 봉투로 해마다 편지를 보냈어요. 돈도 돈이지만 시간이 많이 들지요. 편지를 보고 전화가 오기도 합니다. 제안업무를 맡은 지 얼마 안 되어 잘 모르겠다고 하면 직접 찾아가서 설명도 해주고 있습니다. 제안심사도 해주고요. 그 과정에서 많은 보람을 느끼고 있어요."

마용철은 전국을 돌아다니며 제안활동을 펼치고 있다. 공공제안으로 세상을 바꿀 수 있다는 희망을 갖고 생업도 포기하고 올인하는 마용철. 지인들은 그의 뜻을 알고 자발적으로 모금을 하여 850만 원을 후원하기도 하였다. 그 어렵다던 IMF 직후의 일이다. 그는 느리지만 천천히 세상을 바꾸고 있다. 정부에서는 마용철의 집념을 높이 평가해서 「제1회 한국 신지식」으로 그를 선정했다. 십 년이면 강산도 변한다고 했다. 그러나 마용철은 변하지 않았다. 2000년에 시작한 그의 제안활동은 현재도 진행형이다. 오히려 그의 신념은 더욱 굳어졌다.

"제가 공공제안 활동을 하지 않고 그동안 부동산 일을 했다면 100억 이상 벌었을 겁니다. 다들 미쳤다고 합니다. 하지만 무엇이 더 가치가 있는 건지 깊게 고민해 볼 필요가 있습니다. 공공제안은 분명히 우리의 삶을 조금 더 나아지게 하고 행복해지게 합니다. 정치인이 관심 갖지 않고 해결하지 못하는 문제를 공공제안으로 해결할 수 있습니다. SNS로 모든 사람이 소통할 수 있는 세상이 되었습니다. 저는 SNS를 활용해 제2의 공공제안 활동을 펼쳐 나갈 겁니다. 우리 모두가 제안가가 되는 세상. 그게 저의 꿈입니다."

'줄탁동시'. 병아리가 알을 깨고 나오기 위해 부리로 알을 쫀다. 있는 힘을 다해 알을 쪼지만 쉽지 않다. 이때 어미가 같이 알을 쪼아준다. 껍질에 균열이 일어나고 드디어 새 생명이 탄생한다. 알을 깨는 수고와 아픔 없이 새로운 탄생은 없다. 마용철은 우리를 둘러싼 관행의 껍질을 깨기 위해 오늘도 열심히 세상 밖에서 껍질을 쪼아 댄다.

과연 껍질을 깨고 우리는 나올 수 있을까? 지켜볼 일이다. 그러나 껍질을 깨고 나온다 해도 병아리처럼 어미의 수고는 까마득하게 잊어버릴 것이다.

"아무런 대가도 필요 없고 아무도 몰라주어도 됩니다. 공공제안으로 세상이 지금보다 더 행복해진다면 저는 만족합니다."

그를 만나고 정읍역에서 헤어지는 길. 마지막으로 그가 한 말이다.

제2장

대한민국
명장이 되다

김규환

● 주요 경력
- 한국 무동력 대체에너지 개발연구소장
- 중등 · 고등 검정고시
- 대우종합기계 사환 입사
- 두산인프라코어 현장최고책임자
- 아주대학교, 창원대, 삼성그룹 연수원 강사

● 주요 활동과 수상실적
- 국가품질명장 1호 선정
- 제안 24,000건 실시
- 해외 특허 65건 등록
- 초정밀 부품 국산화 개발 62개
- 발명특허 대상, 장영실상 5회 수상
- 훈장 2회, 대통령상 4회 수상

● 주요 제안과 발명
- 세계 최초의 '정밀온도가공을 위한 온도 치수 보정표'
- 세계 최초의 '태양에너지를 이용한 에너지 발생 장치'

● 저서
- 어머니 저는 해냈어요(베스트셀러)

무학의 청년에서
대한민국 1호 명장으로

- 김규환 -

김규환은 우리나라의 1호 품질명장이다. 그는 어떻게 1호 명장이 되었을까? 못 견디게 그 이유가 궁금해져서 그의 삶을 추적했다. 김규환의 삶은 영화보다 더 드라마틱했다. 학창 시절, 가난을 핑계로 여러 도전을 포기하던 내가 부끄러워졌다. 그의 삶에 투영된 내 삶을 들여다보았다. 그가 준 선물은 성찰과 통찰. '목숨 걸고 하면 안 되는 것이 없다.'던 그의 말이 뜨거운 여운으로 남는다. 운전면허 필기시험 10번 만에 합격. 2급 기능사 자격증 시험 10번 만에 합격.

그는 특별한 사람이 아니다. 오히려 답답할 정도로 느린 사람이다. 초등학교도 다니지 않은 사람. 그런 김규환은 공장 청소부에서 시작해 세계적으로 인정받는 제안왕이 되었고 대한민국 1호 품질명장이 되었다. 24,000건의 제안, 해외에서 수입하던 초정밀부품 국산화 62

개, 해외특허 65건, 5개 국어 마스터. 그가 살아온 흔적을 되짚어 걷다 보면 한철 매력적으로 피어나는 꽃이 아니라 매서운 겨울날에도 푸름을 잃지 않는 솔잎의 은은한 향을 만나게 된다. 느림의 미학. 땀의 결정으로 스스로 가장 아름다운 보석을 빚어낸 사람. 절망과 상처의 쓰라림을 희망의 증거로 승화시킨 사람. 매 순간 펄떡이며 삶을 거슬러 올라가는 그를 만나러 가자. 설렌다.

대우 가족을 찾습니다

강원도의 첩첩산중에서 자란 김규환. 가난한 집안 형편에 초등학교도 다니지 못했다. 그는 동생을 낳다가 중병에 걸린 어머니의 약값을 벌려고 무작정 서울로 갔다. 어렵게 청계천 작은 기계공장에 취직해 잡일을 하는데 '어머니 위독'이라는 전보를 받았다. 집으로 간 그는 온몸에 물이 차 있는 어머니를 보았다. 아버지는 결단을 내리신다. 수술비 마련을 위해 아버지는 탄광으로, 규환은 어머니와 동생을 데리고 대구의 공장으로 뿔뿔이 흩어졌다.

그의 나의 13살이었다. 하루 벌어 하루 먹고살던 그때, 김규환의 사정을 알게 된 공장의 과장님이 어머니 고깃국 해 드리라며 주신 돈으로 고기를 사서 가슴 벅찬 마음에 집으로 갔다. 방문을 여는데 인기척이 없고 어린 여동생은 울고만 있었다. 어머니는 유언도 못 남기시고 그렇게 돌아가셨다.

"동네 분들의 도움으로 겨우 장례를 치렀습니다. 어머니가 돌아가시고 죽고 싶다는 생각만 들었어요. 무학에 기술도 없고 가진 것도 없으니 사는 게 그저 막막하기만 했고……. 시장에 가서 쥐약을 샀어요. 마지막으로 동생이 그토록 먹고 싶어 했던 아이스크림을 사서 입에 물려주는데 오빠가 이상하다고 느낀 동생이 엉엉 울더라고요. 한참을 끌어안고 같이 울었습니다. 어린 여동생 때문에라도 살아야겠다는 생각이 들었어요."

그때 벽지 대신 발라 놓았던 신문지에 '대우 가족을 찾습니다.'가 눈에 들어왔다. 동생을 등에 업고 살기 위해 무작정 대우 창원으로 달려갔다. 그러나 지원 자격은 고졸자에 기계 자격증 보유자. 무식한 놈이 용감하다고 했던가. 종이에 이력서라 쓰고 그동안 일한 곳을 적어 수위 아저씨한테 보여줬더니 막 화를 낸다. 수위 아저씨 뒤로 말끔하신 분이 "무슨 일인가?"라고 물었다. 나중에 알았지만 본부장이었다.

사정을 말하니 면접 기회를 주시고 공장 청소부로 취직을 시켜 주셨다. 그날부터 1년 동안 하루도 빠짐없이 새벽 5시에 출근해서 공장 전역을 쓸고 노는 땅에 꽃과 채소를 심고 가꾸었다. 부지런함은 기회를 주었다. 김규환은 일 년 만에 공장 밖에서 청소만 하다가 드디어 기능보조공으로 공장 안에서 일하게 되었다.

청소부에서 기능공으로

기능공도 아닌 기능보조공. 거기다가 처음 보는 기계들. 억센 경상도 사투리의 무뚝뚝한 선배들은 무서웠다. K 선배는 "기계의 생명은 깨끗함이데이. 오늘 기계 목욕 단디 시키가 기름때 쭉 빼라. 알것제?"라며 압박을 주었다. 퇴근 시간이 되면 선배들은 모두 집에 돌아갔다. 김규환의 꿈은 기능인으로 성공하는 것. 그러기 위해서는 선배들에게 인정을 받아야 했다.

'이제부터 기계를 목욕시키자. 그래, 세제를 풀어서 거품을 내고 빡빡 문질러서 기름때를 다 없애야지!'

새벽 3시. 기계는 번쩍번쩍 윤이 났다. 피곤하기는 했지만 선배들의 칭찬을 생각하니 오히려 힘이 났다. 마지막으로 기계가 잘 작동하는지 스위치를 켰는데 여러 곳의 이음새 부분에서 거품이 계속 새어나왔다. 얼굴에서 식은땀이 났다. 이음새를 분해해서 거품을 닦고 조립을 하는데 조립이 안 되었다. 날은 점점 밝아오고 선배들 출근 시간은 다가오는데 미칠 지경이었다.

"정말 그때는 도망치고 싶은 심정이었어요. 한참을 고민하다가 기계가 고장 나면 선배들이 자주 보는 설명서가 생각이 났어요. 설명서를 보니까 맨 앞에 「물기 절대 유입금지」라고 떡하니 써 있는 걸 보고 뒤로 자빠질 뻔했어요. 선배가 목욕시키라는 건 윤활유로 깨끗이 닦

으라는 건데 그걸 곧이곧대로 들은 거죠. 바보 등신. 혼자 중얼거리면서 겨우 조립을 끝내니까 그제야 선배들이 출근하더라고요. 죽다가 살아난 기분이었습니다."

그렇게 몇 달을 야간에 홀로 남아서 기계를 닦고 조이고 기름칠을 하니 기계와 친숙해져갔다. 이제 기계가 고장 나면 선배들은 김규환을 찾았다. 호칭도 '인마'에서 '김 군'으로 바뀌었다. 기계공장에서는 기계를 잘 알고 잘 고치는 사람이 최고의 대우를 받는다. 선배들이 김규환을 인정하기 시작했고 6개월 만에 '보조공'을 떼어내고 정식 기능공이 되었다. 새롭게 배치받은 곳은 '초정밀 기계 연삭장'으로 기계의 생명인 '메인 스핀들'을 가공하는 곳이었다.

"그곳은 공장에서도 핵심적인 생산 파트입니다. 나 같은 초짜가 거기 배치받아 일한다니까 꿈만 같았죠. 연삭장 문을 열고 들어가는데 번쩍번쩍 빛나는 은색 기계들을 보니 황홀한 생각이 들었어요. '아! 여기다. 내 꿈을 여기서 이루겠다. 여기서 아무도 못 따라오는 일인자가 되겠다.'고 다짐을 했습니다."

실패 또 실패: 일상에서 얻은 깨달음

제안은 곧 생각이다. 생각하고 또 생각하고. 어느 한 문제에 대해 깊게 빠져들면 의외로 해결책이 간단하거나 일상에서 쉽게 찾기도 한다. 그러나 조건이 있다. 깊이 빠져들고 고민해야 한다. 미치도록 그

답을 찾고 싶을 때 우리는 간혹 점쟁이에게 기대기도 한다. 김규환은 자신의 사주나 인생문제가 아닌 제안을 해결하기 위해 용하다는 점쟁이를 찾았다. 미치도록 해결하고 싶었나 보다. 황당한 표정을 지은 무당은 근엄하게 "순리대로 차근차근 풀어라."라고 한마디 한다. 그런 말은 누구나 할 수 있지만 김규환은 그 평범한 말에서 힌트를 얻었다. 어떤 문제에 천착하다 보면 그 사물만 보여 문제 해결을 더 어렵게 하는 경우가 있다.

김정운은 그의 저서 「에디톨로지」에서 "인류는 편집 능력으로 진화했다."라고 말한다. 즉 여러 정보를 이어 붙여 새로움을 창조하는 것. 특히 아무런 관계가 없는 정보들이 융합할 때 빅뱅이 일어난다. 김규환의 주특기가 바로 일상의 아이디어를 디자인해서 새로움을 만드는 것이다.

김규환은 무수한 제안과 발명을 하고 특허를 등록했다. 외국으로부터 수입하던 고가의 정밀부품을 자체 개발해 그 나라로 다시 역수출한 것도 수십 번. 그중에 해외에서 수입하던 '롱 스크류'를 자체 개발한 이야기는 일상에서의 아이디어 찾기를 잘 보여준다.

"롱 스크류는 아주 비싼 가격에다 길이가 3미터가 넘다 보니 정밀가공기술이 필요하지요. 선배들과 저는 우리 정도의 기술력이면 만들수 있겠다고 생각하고 자체적으로 연구하여 만들었습니다. 그리고 당당하게 일본 사람들에게 검사를 받았지요. 어이없게도 전부 불량 판정을 받았어요. 일본 사람 앞에서 부끄럽기도 하고 한편으로는 너무 자존심이 상해서 가슴에서 뜨거운 게 치밀어 올랐습니다."

다시 개발에 들어갔다. 문제는 두 가지였는데 첫째는 흔들림이었다. 제품이 너무 길어 가공하기 위해 양 끝을 고정하고 고속으로 회전시키면 흔들림이 컸다. 또다시 불량품. 다음 날 휴일에도 불구하고 분임조원들이 모두 모였다. 여러 아이디어를 주고받고 회의를 해봐도 뚜렷한 답이 없었다. 집으로 가는 길. 정류장 앞에서 버스를 기다리는데 요란한 오토바이가 뒤에 연인을 태우고 '빠라빠라 빠라밤' 하며 무서운 속도로 달려오더니 요철을 넘었다. 하늘로 솟아오른 오토바이를 보며 끔찍한 사고를 직감한 김규환은 입을 다물지 못했다.

그러나 오토바이는 사뿐히 내려앉았다. 바로 바퀴에 달려 있는 스프링 때문이었다. 그 순간 김규환은 '그래! 스프링이다. 스프링을 롱 스크류 아래에 받쳐 놓으면 회전할 때 발생하는 흔들림을 잡아 줄 것이다.' 하고 생각하였다. 집으로 가려던 김규환은 공장으로 달려간다. 역시나 스프링을 받치니 흔들리지 않았다.

그러나 좋아하기는 아직 일렀다. 롱 스크류를 가공하기 위해 양쪽에 고정하던 베어링 때문에 생기는 자국을 해결해야 했다. 김규환은 고정하던 힘을 줄이면 긁힘이 덜하지 않을까 생각한다. 롱 스크류를 약하게 고정하고 회전 스위치를 켜는 순간 굉음을 내며 3미터의 롱 스크류가 날아가 버리고 부속물들이 사방으로 튀었다. 그리고 머리에 큰 충격이 느껴졌고 뜨끈한 액체가 얼굴로 흘러내렸다. 사고였다.

동료들이 소리치고 119를 부르는데 꿈처럼 그 상황이 아득해 보였다. 일어나니 병원이었고 다행히 크게 다친 것은 아니어서 상처 부위를 꿰매었다. 병원에서는 며칠 쉬어야 한다고 했지만 아픈 머릿속에는 온통 '롱 스크류 자국 해결'만 떠올랐다. 병원을 나와 곧장 공장으로 갔다.

그리고 또 개선 실험. 베어링에 고무와 다른 링을 끼워 보기도 했으나 강력한 회전력에 타거나 찌그러져 버렸다. 그때 J선배가 어제 TV에서 보았던 물레방아를 말하니 '맞다! 그 큰 물레방아가 부드럽게 움직이는 건 중심에 반지 같은 붓싱이 들어있기 때문이야.' 하는 생각이 들었다. 롱 스크류를 고정하는 베어링 대신에 붓싱을 만들어 끼웠더니 고속 회전을 해도 자국 없이 깨끗했다. 김규환은 선배들과 얼싸안았다. 그렇게 자체 개발한 '롱 스크류'는 일본을 제치고 전 세계에 수출을 하고 있다. 김규환의 제안은 일상생활과 맞닿아 있다. 일상에서 일어나는 현상들을 깊이 관찰하는 것. 김규환의 제안 방식이다.

특명: 정밀 가공온도 보정표로 일본을 뚫어라

지금도 정밀기계 분야의 부품은 대부분 일본에서 수입한다. 그러다 보니 일본은 A부품을 팔면서 필요 없는 B부품을 끼워 팔기도 했다. 특히 김규환이 가공을 하는 '메인 스핀들'은 기계장치의 주축으로

서 가공 오차 범위가 1/10,000이다. 고난도의 정밀기술이 필요해 전 세계에서 일본만 생산하고 있었다. 그래서 더욱 제작기술을 알아내고 싶었다.

"장비 한 대 팔면 우리 회사가 버는 것보다 부품을 파는 일본이 더 많은 돈을 가져갔거든요. 그래서 더 메인 스핀들을 만드는 비밀을 알고 싶었어요. 일단 해 보자는 심정으로 모두 퇴근하기를 기다렸다가 메인 스핀들을 가공하는데, 다 만들고 조금만 지나면 치수가 자꾸 변하는 거예요. 실험을 하다가 그날 두 개를 망가뜨렸습니다. 한 개가 350만 원이니까 750만 원을 날린 거예요. 당시에 아파트 한 채 값보다 비싼 금액이다 보니 하늘이 무너지는 심정이었죠."

회사에는 일단 비밀로 했다. 제작기술만 알아낸다면 용서하리라 믿었다. 문제는 가공 온도에 따라서 메인 스핀들의 치수가 들쭉날쭉 변하는 거였다. 온도에 따른 금속의 변화도를 과학적 수치로 밝혀낸다면 메인 스핀들뿐만 아니라 다른 수입 부품도 만들 수 있었다. 그러나 정밀기계 선진국인 일본과 독일도 아직 못 밝혀낸 비법이다. 단지 일본은 메인 스핀들의 제작 노하우만 알고 있었을 뿐이다. 결단을 내렸다.

"아내에게 사실대로 말하고 이해를 구했습니다. 변상하면 집을 팔아도 모자란다고 했어요. 아직 신혼이었는데……. 짐을 싸고 집을 나서는데 차마 아내 얼굴을 못 보겠더라고요."

김규환은 낮에는 일을 하고 밤에는 실험하다가 기계 옆에서 잠을 잤다. 한 달이 지나니 사람들이 "쓰레기 냄새 나니까 옆에 오지도 마라."라고 했다. 공장에서는 신혼인데 벌써 별거한다는 소문도 났다. 그러나 개의치 않았다. 지성이면 감천. 그렇게 기계 옆에서 잠을 잔 지 몇 달 만에 중요한 사실을 한 가지 알게 되었다.

"섭씨 20도보다 높게 가공하면 치수가 줄어들고, 낮게 가공하면 치수가 늘어나는 걸 발견했습니다. 그런데 또 다른 문제는 금속마다 그리고 크기마다 치수 변화가 달랐어요. 하면 할수록 벽에 부딪혔습니다. 그래서 모든 종류의 금속을 갖다놓고 그 크기와 부위별로 1도씩 온도 변화를 주면서 1밀리미터 단위의 치수 변화를 실험했습니다."

몸과 마음은 피폐해지고 갈수록 몰골은 말이 아니었다. 그렇게 2년 6개월의 시간이 지나고 드디어 「정밀가공을 위한 온도치수 보정표」를 만들었다. 대우중공업 사장과 임원진을 모시고 현장에서 온도에 따른 기계치수의 변화를 보정표와 대조하는 연구결과를 발표했다. 서울 본사에서 온 사장은 이렇게 말했다.

"이건 정밀 기계 분야의 혁명입니다. 혁명! 선진국의 수많은 연구자들도 못 해낸 일을 대우중공업 기능공 김규환 씨가 해냈어요. 저는 도저히 믿을 수가 없습니다."

김규환은 아내가 있는 집으로 달려갔다. 달리면서 눈물이 하늘에 날리는데 자신도 하늘을 나는 듯 느껴졌다. 성공을 들은 아내는 쓰러졌다. 김규환보다 더 마음 졸이며 고생을 한 아내는 3개월을 입원했지만 다행히 다시 건강을 되찾았다. 대통령은 김규환을 「대한민국 1호 품질명장」에 선정했고, 함께 일하며 연구한 분임조는 전국품질관리대회에 출전하여 금상을 수상했다. 이후 김규환은 국가대표가 되어 태극마크를 달고 국제품질관리대회에 나가서 우수상을 거머쥐었다. 무학의 청소부에서 대한민국 1호 품질명장에 오른 사람. 그는 말한다.

"목숨 걸고 노력하면 안 되는 것이 없습니다."

정한택

● 주요 경력
  – 한국품질명장협회 미래전략본부장
  – 대한민국 산업현장 교수
  – 한화 포리마 팀장
  – 상명대학교 겸임교수
  – 공주마이스터고, 연무대기계공고, 해남공고,
    천안공고 산업체 겸임교사

● 주요 활동과 수상실적
  – 국가품질명장 선정
  – 한국 신지식인 선정
  – 대통령상 22회 수상
  – 한화그룹 혁신상 수상
  – 12연속 특진 기록
  – 국가직무능력표준 학습모듈 개발 책임자
  – 전국품질분임조 경진대회 심사위원

● 주요 제안과 발명
  – 변색되지 않는 광고간판 발명
  – 사내 품질경영대학과 기능대학 설치 제안

● 저서(교과서)
  – 기업의 품질관리 이해, 기업기초 이해, 설비관리 이해

장애를 박차고
명장으로 날다

- 정한택 -

불의의 사고로 2년 칩거, 다시 세상 밖으로

깨어 보니 감각이 없었다. 온몸에는 붕대가 감겨져 있었다. 살아있는 미라. 흐릿하게 하얀 형광등이 들어와 눈이 부셨다. 간호사는 흥분된 목소리로 5일 만에 깨어났다고 알려 주었다. 정한택은 담담하게 그때를 회상한다.

"부대에서 위생병이었는데 알코올을 다루다가 갑자기 폭발을 했어요. 그리고는 정신을 잃은 겁니다. 깨어 보니 제 몸은 이미 제 것이 아니었지요. 온몸에 전신 화상을 입은 거예요. 그 고통을 생각하면 지금도 몸서리쳐집니다."

그는 군 병원에서 6개월을 입원했다. 그리고 더 이상 군인으로서 임무수행이 불가능해 의가사 전역을 했다. 그렇게 찬란한 20대 청춘이 끝나고 하루아침에 상이군인이 되어 버렸다. 가정형편이 어려워 재활병원을 갈 수도 없었다. 온몸에 붕대를 감고 집에만 있었다. 다리와 팔을 움직일 수 없어 죽고 싶어도 마음대로 죽을 수도 없는 몸. 이제 어떻게 살 것인가?

살기 위해 발가락과 손가락을 조금씩 움직이기 시작했다. 고통이었다. 그러나 고통을 감내하면 할수록 움직임은 커졌다. 그렇게 정한택은 집에서 칩거하며 살기 위한 처절한 몸부림을 했다. 그리고 2년 뒤, 봄에 들꽃이 생동하듯이 정한택의 몸도 고통의 재활을 이겨내고 다시 청년이 되어 갔다. 그러나 화상의 상처만은 어쩔 수 없어 여름날에도 붕대를 감고 다녔다.

그는 미치도록 일하고 싶었다. 기업은 직원의 일부를 국가유공자로 채용할 의무가 있다. 정한택은 (주)한화포리마에서 국가유공자를 우대 채용하는 공고를 보았다. 서류전형을 통과하고 면접을 보는데 총무과장이 말했다.

"당장 붕대 풀어라. 사내자식이 그래 가지고 어떻게 험한 세상 살아갈 거냐? 우리 누님은 너보다 더 심하게 화상을 입었지만 당당히 살아가고 있다. 붕대 계속하고 다닐 거면 입사는 안 된다."

정한택은 2년 동안 꽁꽁 감춰져 있던 붕대를 풀었다. 막상 붕대를 풀고 나니까 다시 세상과 마주할 용기가 생겼다. 며칠 후 총무과 직원으로 입사결정 통보를 받았다.

경비원에서 생산직 사원으로 변신

첫 출근. 태어나서 처음으로 양복을 한 벌 사서 단정하게 입고 출근을 했다. 총무과에 출근하니까 직원이 옷을 한 벌 주며 말했다.

"경비원 옷으로 갈아입고 회사 출입문으로 가세요. 거기 가면 경비 반장이 경비업무에 대해 잘 설명해줄 겁니다."

그는 총무과 사무직 직원이 아니고 총무처 소속 경비원이었다. 속았다는 생각에 가슴속에 뜨거운 게 치밀어 올랐다. 당장 집으로 가고 싶었지만 아침부터 양복을 다려주며 흐뭇해하시던 어머니 생각이 났다. 그렇게 25살에 경비원이 되었다. 이틀이 지나고 야간 근무로 바뀌고 다시 이틀이 지나니 주간 근무로 바뀌었다. 일주일 3교대 근무에 정신이 몽롱했다. 나중에 알고 보니 회사는 정한택을 의무적으로 고용을 한 이후에 스스로 퇴사시키려는 수작을 부리고 있었던 것이다. 오기가 생겼다. 그렇게 6개월을 버텨내니까 회사는 정상적인 근무체제로 전환을 시켜 주었다.

경비원 업무에 적응을 하면서 공장 안이 궁금해졌다. 주간에는 감히 들어갈 엄두도 내지 못하고 야간 순찰 때 눈치를 봐가며 구경을 했다. 그런 그가 측은했던지 현장반장이 말을 걸어 주었다. 그렇게 생산직 사원들과 친해지면서 일 년 동안 공장을 마음놓고 드나들었다. 차츰 정한택의 눈에는 비효율적인 업무 방식들이 보이기 시작했다.

"장기판을 한발 물러서서 구경꾼 입장에서 지켜보면 수가 보이잖아요. 일 년이 지나니까 공장의 문제점들이 하나씩 보이더군요."

한화그룹의 계열사인 한화포리마는 실(원사)과 플라스틱 원료를 생산하는 곳이었다. 플라스틱을 만들기 위한 원재료는 100kg 단위로 박스 포장되어 있었지만 현장에서 사용하는 단위는 10kg이었다. 공장 직원들은 10kg을 쓰기 위해 100kg의 무거운 박스를 옮겨 사용하고 남은 것은 잘 관리하지 않아 폐기되는 경우가 많았다. 정한택은 현장반장에게 원료 납품회사에 10kg단위 포장으로 바꿔 달라고 하면 편하지 않겠느냐고 현장반장에게 제안을 했다.

"경비원 주제에 뭘 안다고 참견이야? 인마, 앞으로 공장에 들어오지 마."

며칠 후 조심스럽게 공장에 들어갔는데 정한택을 야단치던 현장반장이 불렀다.

"한택아. 그거 회사에 제안 올렸는데 채택되어 버렸다. 전에 화내서 미안하다. 나는 15년을 일하면서 한 번도 그 생각을 못해 봤거든. 그래서 화가 좀 났어. 미안하다. 앞으로 아이디어 있으면 나한테 좀 주라. 오늘 퇴근하고 한잔하자."

이틀 후, 순찰을 돌면서 공장에 들렀는데 실을 만드는 큰 롤러의 축이 부러져 교환을 하고 있었다. 그 축은 일주일에 한 번씩 부러져 현장직원들을 골탕 먹였다. 직원들에게 축의 재질이 뭐냐고 물었더니 철이란다. 철은 무겁지 않은가. 현장반장에게 재질을 가벼운 스테인리스로 바꿔보라고 말했다. 신기하게도 축은 부러지지 않았다. 이런 일이 있으면 경비원 정한택은 공장 해결사로 달려갔다. 소문을 들은 공장장이 정한택을 호출했다.

"정한택 씨는 내일부터 경비초소 말고 공장으로 출근하세요."

그렇게 정한택은 경비원으로 입사한 지 2년 만에 제안을 통해 생산직 사원으로 변신했다.

제안왕 혁신으로 날다

정한택은 크고 작은 제안을 지속적으로 실시해 공장에 생기를 불어넣었다. 마침 그룹 본사에서 모든 계열사는 직원 한 명을 혁신담당자로 임명해 본래 업무와 겸직하라는 지시가 떨어졌다. 공장장은 정한택을 혁신담당자로 임명을 했다. 그때부터 정한택은 자신의 업무는 기본이고 다른 생산 파트의 불편함과 불합리를 해결하는 구원투수가 되었다. 그는 끝판대장이었다. 그가 등장하면 해결되지 않는 일이 없었다. 문제점이 발생하면 해결할 때까지 물고 늘어졌다. 그러다 보니 365일 중에 퇴근은 고작 100일. 일에 미쳐서 이혼 위기까지 갈 정도였다.

그러나 매번 쉽지만은 않았다. 특히 실을 생산하면서 자주 끊어지는 현상은 원인을 알 수 없었다. 평일에는 기계를 정상 가동하기 때문에 멈춰서 원인을 분석하기가 불가능했다. 그래서 기계를 가동하는 직원 4명을 꾀어서 주말에 몰래 기계를 분해하고 가동하며 일지를 쓰기 시작했다. 6개월 정도 지나면서 감이 왔다. 날씨가 맑은 날에는 낮은 습도로 실이 건조해져 자주 끊어졌고 비가 오면 실에 습기가 묻어서 끊어지지 않았다. 정한택은 공장장에게 보고해 온도와 습도를 조절하는 항온항습기를 공장에 설치해 문제를 해결했다.

이 일이 끝나자마자 기다렸다는 듯이 접착제를 만드는 팀에서 SOS를 보냈다. 원인은 접착제를 만들기 위해 본드와 아세톤을 배합하는데 비율 맞추기가 힘들고 배합한 원료를 보관통에 넣으면 무거운 본드가 가라앉아 다시 섞어주어야 하는 불편함이었다. 이 일이 힘들다 보니 접착제 팀에서는 전담 직원을 따로 두고 있었다. 그래도 작업이 까다롭고 어려워 접착제에서 자주 불량이 발생하고 있었다. 현장반장의 이야기를 들은 정한택은 본드와 아세톤을 납품하는 회사의 사장에게 전화를 걸었다.

"앞으로 본드와 아세톤을 배합해서 우리 회사에 납품하는 게 어떻습니까?"

"그러면 좋지만 우리 회사는 배합 기술이 없어요."

"아이디어를 드리겠습니다. 레미콘차량 보셨죠? 공장에 회전하는 배합탱크를 만드세요. 거기에 본드와 아세톤을 넣으면 회전하면서 자동으로 배합됩니다."

이후 본드와 아세톤은 배합되어 납품되었고 배합을 전담하는 직원은 다른 곳으로 배치되었다. 그리고 그 회사는 정한택의 아이디어를 특허로 등록해 매출이 급상승하는 대박을 맞았다. 정한택은 자기 회사뿐만 아니라 늘 협력회사와 Win-Win하는 상생의 길을 모색해 문제를 해결했다.

CEO와 한판 승부를 벌이다

정한택은 제안 업무를 총괄하면서 관리직 사원들과 자주 다퉜다. 제안은 기존의 불편한 관행을 새롭게 개선하는 것이다. 개선을 위해서는 몸에 밴 습관을 버리고 때로는 회사 규정도 바꿔야 한다. 이 모든 일은 관리직 사원의 협조 없이는 불가능하다. 일부 관리직 사원은 생산직 사원을 얕보는 경향이 있어 더더욱 힘들었다.

정한택은 공장의 산적한 문제들을 해결하기 위해 하루에도 몇 건씩 제안보고서를 만들었다. 그러나 제안보고서가 공장장과 사장에게까지 가려면 중간의 관리자들이 결재를 해주어야 하는데 중간에서 늘 묵살 당했다. 참을 만큼 참았다. 정한택은 사표를 들고 CEO을 찾아갔다. 그동안 제안보고서가 중간에서 묵살된 이야기와 제안활동의 어려움을 말했다. 그리고 사표를 내놓았다.

CEO는 펄쩍 뛰었다. "왜 진작 오지 않았어? 내가 대신 사과할게. 내 얼굴 봐서라도 사표는 집어넣게. 가장 중요한 제안 세 가지만 말해봐. 당장 시행할 테니까." 정한택은 사표를 거둬들이고 차분히 핵심 제안 세 가지를 설명했다.

"지금 생산직 사원은 사원-조장-반장으로 직급이 세 개뿐입니다. 그러니까 회사생활이 재미없고 열심히 하고 싶은 동기부여가 안 됩니다. 당연히 회사에 대한 애사심도 떨어지고 주인의식도 적습니다. 직급을 사원-조장-반장-계장-기장의 5개 직급으로 만들어 주십시오. 그리고 인사고과제도를 상급자 평가 중심에서 개인 역량과 팀 역량 점수를 합산해 평가하도록 개선하면 좋을 것 같습니다. 그래야 윗사람 눈치 안 보고 자기 계발을 하면서 열심히 일합니다. 마지막으로 「사내 품질경영대학과 기능대학」을 만들어 제안활동을 체계적으로 가르치고 늘 공부하도록 공장 문화를 바꿔야 합니다."

CEO와의 담판으로 제안은 즉각적으로 시행되었다. 생산직 사원

진급체계가 3단계에서 5단계로 개편되었고 인사고과도 개인 역량과 팀 역량을 평가하는 방식으로 개선되었다. 그리고 사내 품질경영대학과 기능대학이 만들어져 공장에는 '공부하는 일터'의 학습 문화가 자리 잡혔다. 이를 통해 직원들은 스스로 업무를 개선하고 제안하는 품질분임조를 조직하여 적극적으로 활동했다. 정한택은 직원들의 품질분임조 활동을 지도하면서 여러 회사들과 제안 실적을 겨루는 품질분임조 경진대회에 출전하기 시작했다.

그러나 대기업에서 오랫동안 다져진 노하우를 가지고 치밀하게 준비한 분임조들과는 아직 수준 차이가 있었다. 정한택의 품질분임조는 7년 연속 본선에서 떨어졌다. 동료들은 "회사 망신 그만 시키고 이제 그만 나가자."라고 했다. 그러나 그는 포기하지 않았다. 8번 도전 끝에 「실 끊어짐 개선 제안」으로 1994년 전국품질분임조 경진대회 금상을 거머쥐었다. 그야말로 칠전팔기.

정한택의 열성적인 제안활동에 힘입어 한화포리마는 그룹에서 제일 작은 사업장이지만 가장 큰 혁신 성과를 이뤘다. 전국 제안왕 7명, 명장 7명, 한국 신지식인 7명, 전국 품질분임조 24회 대통령상 수상, 그리고 전 직원 120명 중에 무려 80명 이상이 대통령상을 수상하는 진기록을 세웠다. 한화그룹에서는 독보적인 정한택의 제안활동을 인정해 임원급이 주로 받던 「한화그룹 혁신상」을 생산직 사원 최초로 수여했다. 이후 정한택은 제안활동으로 대통령 표창 22회의 대기록 달성과 한화그룹 최초로 12회 연속 특진의 주인공이 되었다.

새로운 광고 간판 개발로 황금알을 낳다

　얼마 전까지만 하더라도 전 세계 광고 간판을 만드는 원료의 99% 는 3M에서 독점하다시피 했다. 그만큼 기술력이 독보적이었기 때문이다. 기술만 개발한다면 황금알을 낳는 거위가 되는 것은 자명한 일. 화학제품을 생산하는 한화포리마는 개발을 결심한다. 수많은 실패의 과정을 거쳐서 드디어 제품을 출시했다. 가격이 낮으니 불티나게 팔렸다. 한 달 뒤, 간판 대리점에서 난리가 났다. 하얀색 간판이 햇빛에 누렇게 변색된 것. 3M은 직사광선에도 변색되지 않는 기술을 가지고 있었지만 한화포리마는 그 부분을 생각 못했다. 그동안 팔린 것만도 수십억 원이고 반품에 변상까지 하면 수백억 원의 돈이 들어갔다. 회사의 사활이 걸린 문제.

　제품 개발은 전문 연구원들이 했지만 해결책을 내놓지 못했다. 누가 시킨 일도 아니지만 정한택은 해결방법을 모색하기 시작했다. 그러나 제품에 대한 기본 지식이 부족하고 개발과정에 참여하지 않아 쉽게 떠오르지 않았다. 며칠을 그 생각만 하니까 꿈에서도 형형색색의 간판이 나와 어지러웠다. 출근을 하려고 집을 나서는데 아내가 잡지를 보고 있었다. 슬쩍 보니 구릿빛 피부의 모델이 선크림을 바르는 사진이 있었다.

　'선크림…… . 그래! 자외선 차단제를 간판 원료에 배합하면 되겠다.'는 생각이 들었다. 출근하자마자 자외선 차단 물질을 구해서 간판 원료에 섞었다. 이렇게 만들어진 간판을 옥상에 올라가 빨래 널듯이 빨래집게로 집어 시험을 했다. 그렇게 두 달이 지나도록 간판은 변색되지 않았다. 정한택은 재빠르게 회사에 제안보고서를 올려 간판 생산 공정에 적용을 했다. 간판 대리점의 반응은 뜨거웠다.

정한택의 제안으로 한화포리마는 변색되지 않는 완벽한 간판을 개발하고 해외 54개국에 수출을 하기 시작했다. 3M이 독점하고 있던 광고 간판시장은 한화포리마와 양분되었다. 중국 관광객의 필수코스인 천안문의 대형 마오쩌둥 간판도 정한택의 개발품일 정도로 그가 개발한 간판은 전 세계에 퍼져 나갔다. 그로 인해 한화포리마의 주력 상품은 실과 플라스틱 원료에서 광고 간판으로 바뀌었다. 회사는 광고 간판으로 연간 700억 원 이상의 매출을 올리면서 간판사업은 애물단지에서 황금알을 낳는 거위가 되었다. 그 거위가 황금알을 낳도록 변화시킨 것은 정한택이었다. 이 제안으로 정한택은 국가품질명장과 한국 신지식인의 칭호를 대통령에게 받았다.

아낌없이 주는 나무

정한택은 2009년 퇴사를 하고 그동안의 제안과 혁신 노하우로 중소기업에 재능 기부를 하기로 결심을 한다. 태양전지를 만드는 회사 비나텍에서 혁신지도 요청이 왔다. 태양전지는 부가가치가 높고 지속 가능성이 있는 사업이다. 그러나 비나텍에는 심각한 문제가 있었다. 생산제품의 70%가 불량품. 다행히 부가가치가 높아서 흑자는 내고 있었지만 시장 환경이 바뀌면 위험할 수가 있었다.

한 달 정도 공장을 세심하게 관찰만 하던 정한택은 처방을 내리기 시작했다. 생산 공정의 표준이 없어서 작업자마다 작업방법이 다 달랐다. 생산 공정을 표준화해서 모든 직원이 동일하게 작업하도록 개선을 했다. 또한 태양전지 부품을 결합하는 과정에서 부품을 조이는 힘에 대한 표준화 규격이 없어 작업하는 사람에 따라서 부품이 자주 파손되었다. 정한택은 반복 시험을 거쳐 가장 적합한 「부품 조임 규격」을 만들어 부품 파손문제를 해결했다. 비나텍은 정한택의 족집게 혁신과외를 통해 불량률을 70%에서 5%로 줄였다. 불량률이 줄어들면서 자연스럽게 매출이 200억 원에서 600억 원으로 늘어났다. 그 결과 비나텍은 2013년 「일하고 싶은 100대 중소기업」에 선정되었다.

그는 대학교와 고등학교에서도 재능을 기부하고 있다. 땅끝 마을에 있는 '해남공고'는 물론 전국을 누비면서 학생들에게 자신의 성공 노하우와 제안 기법을 전수해준다. 그리고 2018년 개정되는 국정교과서 집필위원으로 활동하며 현장에서 바로 사용할 수 있는 생생한 지식을 교과서에 녹여내고 있다.

온몸에 화상을 입고 처절한 몸부림을 통해 다시 세상 밖으로 나온 정한택. 어렵게 경비원으로 입사하여 제안을 통해 자신의 삶은 물론이고 회사를 새롭게 디자인, 은퇴 이후에는 자신의 재능을 원하는 곳에는 어디든지 달려가 나누고 있다. 그의 삶을 추적하면서 삶이란 무엇인가에 대해 깊은 성찰을 하게 되었다. 지치고 힘든 사람들은 그의 삶에서 희망과 용기를 얻을 것이다. 그의 삶은 '아낌없이 주는 나무' 이다. 그는 말한다.

"경비원이었던 제가 대한민국 명장이 된 것은 끊임없이 제안했기 때문입니다. 제안을 통해 제 삶과 회사를 새롭게 디자인했지요. 인생을 스스로 디자인하고 싶다면 제안을 해보세요."

방극진

● 주요 경력
 – 한국수력원자력 중앙연구원 기기검증팀장
 – 한국 신지식인 연합회 감사
 – 전남신지식인연합회 대표

● 주요 활동과 수상실적
 – 국가품질명장 선정
 – 한국 신지식인 선정
 – 한국제안명인 선정
 – 한전인 대상 수상 등 다수

● 주요 제안과 발명
 – 세계 최초 '원전밸브 시험장치'
 – 원전부품 검사 인증장비 '중형 체임버'

관행을 깨고
고수가 되다

– 방극진 –

방극진은 원전기술 분야에서 신의 경지에 오른 사람이다. 그가 걸어온 길은 항상 최초이고 최고였다. 제안왕, 국가품질명장, 제안 명인에 선정되어 제안계에서 트리플 크라운을 달성했다. 거기다 김대중 대통령이 국가 인재 발굴을 위해 정성 들여 제정한 제1회 신지식인에 선정되어 청와대에 초청되는 영광을 누렸다. 남들이 볼 때는 다 이루었다. 그럼 여기서 만족할 것인가?

아니다. 이제 그는 발명왕을 꿈꾼다. 국민들을 실망에 빠뜨린 원전 비리를 막기 위해 2년 전 야심차게 개발을 시작한 「중형 체임버」를 올해에 성공하면서 특허청에서 선정하는 「올해의 발명왕」이 유력해졌다. 일 년에 한 명만 선정하는 「올해의 발명왕」은 최고의 권위를 가진 상으로 상금만 2천만 원이다. 이렇게 화려한 스펙을 가진 방극진은 처음부터 제안을 하고 발명을 했을까? 아니다. 그는 입사 10년 차에 첫 제안을 했다. 다른 제안왕들에 비하면 거북이걸음이다.

그의 표현을 빌리자면 "첫 제안은 소 뒷걸음질하다가 쥐 잡은 것처럼 우연하게 시작되었다."라고 한다. 하지만 지금은 대한민국을 대표하는 제안왕이 되었다. 꽃에 비유하면 백일홍. 다른 꽃들이 다 질 때쯤 늦게 피어서 백 일을 화려하게 피는 꽃. 그를 만난 건 백일홍도 한참 전에 져버린 11월 말. 그러나 아직도 그에게는 은은한 꽃 냄새가 났다. 그날도 그는 연구 중이었다.

원전부품 시험기로 500억을 아끼다

한국수력원자력이 방극진의 직장이다. 그의 업무는 원자력 시설관리. 공고를 졸업하고 기술직 사원으로 입사했지만 제안왕으로 전문성을 인정받아 현재는 원자력연구소에서 연구팀을 이끌고 있다. 방극진은 다른 제안왕들과 다른 독특한 점이 있다. 대부분의 제안왕들이 입사하고 제안을 통해 바로 인정을 받은 반면에 방극진은 입사 이후 10년 동안 제안 한 건 없었다. 그냥 평범한 직장인이었다. 주어진 일에만 열심히 하는. 이제 11년 차. 영광에 원전이 생기면서 부산의 고리원전을 떠나게 되었다. 그곳에서 그는 인생의 터닝 포인트를 맞이한다.

"영광 원전을 다 짓고 한창 가동을 할 때였어요. 그런데 원전에 이상이 생기면 자동으로 차단되는 밸브가 자꾸 고장이 나는 거예요. 원전에서는 그게 제일 중요한 겁니다. 고장 나면 차단되어야 하는데 고장이 나지 않아도 차단되니 참 답답했습니다. 그 부품을 현재 가격으로 환산하면 10억이 넘습니다. 돈도 돈이지만 고장 나서 미국 회사에 A/S를 요청하면 길게는 보름 이상 걸렸어요. 그리고 A/S 오면 고치는 거 없이 바로 교환하더라고요. 돈은 돈대로 시간은 시간대로 들었지요. 그런 일이 반복되니까 슬슬 오기가 났습니다. '우리를 바보로 아나?' 하는 생각이 들기 시작했어요."

문제는 기술 부족이었다. 기술이 없으니 무시를 당할 수밖에. 그날도 미국 회사의 기술자가 와서 교환을 하는데 화가 나서 '바보 같은 놈들. 고장인지 아닌지 시험도 하지 않고 무조건 새것으로 교환하면 어떡해!'라는 생각을 하다가 그에게 "밸브 시험하는 장치가 없냐."고 물어보았다. 그는 "없어. 그리고 있으면 내가 다 교환하겠니? 시험해서 고장 난 것만 교환하지."라고 말했다. 밸브는 총 7개가 들어갔는데 하나가 고장 나면 전체를 다 교환했다. 낭비도 그런 낭비가 없었다. 한 번 교환하면 10억 원이 들었다.

도저히 안 되겠다 싶어 그날부로 방극진은 머리 싸매고 한 달 동안 현장에서 잠자며 시험정비세트 개발에 들어갔다. 동료들은 "극진아. 어디 아프냐? 회사생활 잘하다가 갑자기 왜 그래? 미국도 없는 장비를 네가 어떻게 만들어? 헛수고 그만하고 한잔하러 가자."라며 말했다. 누구 하나 도와주는 이, 기대하는 이 없었다. 그렇게 홀로 남아

꼬박 한 달을 밤새웠다.

"문제를 파고드니까 의외로 간단했습니다. 우선 스텐으로 사각형 박스를 만들었어요. 그리고 중간에는 밸브를 꽂을 수 있도록 홈을 만들었지요. 그 상태에서 밸브가 작동하도록 회로를 구성하니까 시험이 되더라고요. 솔직히 다 만들고 나니 허탈했어요. 이렇게 간단한 걸 왜 이제껏 생각 못했는지."

원자력 연구원도 아닌 평범한 직장인 방극진의 손에서 「원전 밸브 시험장치」가 세계 최초로 개발되었다. 원전대국 미국, 일본, 프랑스에서도 하지 못한 일이었다. 특히 영광 원전을 만든 미국은 그 소식을 듣고 무척 놀라면서도 싫은 기색을 감추지 않았다고 하니 참으로 통쾌한 일이다. 「원전 밸브 시험장치」가 개발되면서 원전 차단의 주요 원인이었던 밸브를 자체적으로 시험하고 정비할 수 있게 되었다.

개발비로 200만 원이 들었지만 지금까지 절감된 금액만 500억 원 이상이니 방극진은 그야말로 대박을 쳤다. 그리고 개발 사례를 가지고 제안을 해서 최우수 제안상에 선정되었다. 첫 제안에서 최우수 제안상을 탄 것은 회사 창립 이래 처음이었다. 시험장치가 탄생한지 25년의 세월이 흘렀지만 아직도 원전 현장에서는 없어서는 안 될 귀중한 장치로 대접받고 있다고 한다. 그 덕택에 방극진 개발 스토리는 신입사원이 오면 후배들에게 전설로 구전되고 있다.

미생에서 완생으로: 회사 1호로 특진

대졸사원과 고졸사원 사이에는 보이지 않는 '유리 천장'이 있다. 직장생활의 현실을 생생하게 보여주어 최고의 시청률을 기록한 웹툰 드라마 「미생」을 보면 공감이 간다. 미생이란 바둑에서 집이나 대마 등이 살아 있지 않은 상태 또는 그 돌을 의미한다. 완전히 죽은 돌 사석과는 달리 완생할 기회를 가지고 있는 불완전한 돌이다.

반면 완생은 집이나 돌이 완전히 살아있는 상태이다. 주인공 '장그래'는 고졸이다. 대기업에 고졸로 입사하면서 주위의 따가운 시선과 비웃음을 받는다. 장그래는 스스로를 미생이라 한다. 불완전하다. 조금만 실수하면 죽은 돌 사석이 돼버린다. 양자택일이다. 사석이 되어 퇴사할 것인가 아니면 불완전에서 완전히 살아나 정직원이 될 것인가. 그는 제안을 전략적 무기로 선택하고 미생에서 완생으로 변신한다. 장그래는 말한다.

'기존의 관행을 깨야 파격이 온다. 파격이 성공하면 고수가 된다. 그래, 판을 흔들자.'

장그래는 기존의 판을 파격적인 제안으로 흔들어 버리고 경쟁자들을 쓰러뜨린다. 방극진은 고졸 사원으로 한국전력에 입사했다. 고졸 직원은 진급 기간이 대졸 직원보다 대략 두 배가 길다. 그래서 상위직에는 대부분 대졸 직원이 포진한다. 입사하고 10년 동안은 방극진도 미생이었다. 보통 직장인처럼.

　그러나 「원전 밸브 시험장치」를 제안하면서 단박에 변화를 시도. 고기도 먹어 본 놈이 맛을 안다고 했던가. 입사 11년 만에 첫 제안을 하고 그는 봇물 터지듯이 제안을 하기 시작했다. 그리고 일 년 만에 회사의 최고 제안왕으로 등극한다. 그리고 2000년 「올해의 한전인 대상」을 받았다. 그의 눈부신 활약을 원자력사업단장은 눈여겨보았다. 마침 비대한 한국전력이 6개 자회사로 분사되면서 한국수력원자력이 새로이 창립했다. 초대 사장은 원자력사업단장이 되었다. 사장이 취임하면 인사부터 하는 법. 모든 구성원들은 각자의 안테나를 세우고 주시한다.

　"이번 인사에서 방극진 씨를 차장으로 특별 진급시키세요. 그런 사람이 우리 회사의 특별진급자 1호가 돼야 합니다. 그래야 고졸 사원도 희망을 갖지요. 창의적인 조직문화는 덤으로 따라오는 것이고."

　차장으로 진급하려면 어려운 시험을 통과해야 한다. 현장의 사원들은 시험에서 자주 낙방하고 재수, 삼수를 하지만 방극진은 제안으로 한 번에 뛰어넘었다. 그런 회사가 고마워 보답할 길을 찾던 방극진은 회사에서 처음으로 품질분임조를 만들어 후배들에게 자신의 제안 노하우를 전수해주려고 하였다. 그러나 부하 직원들은 품질분임조를 싫어했다. 퇴근하면 빨리 집으로 가야 하는데 연구다 뭐다 자주 모이니 싫은 기색이 역력했다. 방극진은 조원들을 설득하기 위해 3S 방법을 생각해냈다.

3S는 스마일, 스포츠, 사우나다. 품질분임조원들에게 늘 웃음으로 대하고 점심시간에 산책과 운동을 같이하면서 스킨십을 늘렸다. 그리고 야근이라도 하는 날에는 사우나에서 알몸으로 이런저런 이야기들을 나누었다. 그 과정에서 방극진은 품질분임조 활동에 대한 동기부여를 해주었다. 이제 조원들은 방극진을 중심으로 똘똘 뭉쳤다. 그리고 그들은 함께 일하는 과정에서 불편함에 대한 개선사항을 찾아 끊임없이 제안을 했다. 누구든지 제안을 내면 서로 이야기하는 과정에서 아이디어가 꽃을 피웠다.

이런 성과를 지켜보던 회사의 동료들도 하나둘씩 품질분임조를 만들었다. 방극진은 제안방법과 품질기법을 다른 품질분임조들에게 가르쳐주고 공유했다. 그 결과 방극진의 품질분임조는 지역대회에서 떨어졌지만 자신이 지도해준 다른 조는 전국 품질분임조 경진대회에서 대통령상을 수상했다. 그 후로 한국수력원자력 품질분임조는 대통령상을 5회 수상하는 진기록을 냈다.

회사에 대한 기여와 일에 대한 전문성을 인정받은 방극진은 그토록 원했던 원자력 중앙연구원 기술팀장으로 발령을 받았다. 현장의 사원이 박사들로 즐비한 연구원의 팀장으로 가는 것은 이례적인 일이다. 방극진은 고졸 사원인 미생으로 시작하여 제안으로 살아 숨 쉬는 완생이 되었다.

특명: 원전 비리를 차단하라

"한수원이 2012년 11월 이후 2013년 6월까지 위조 사실이 드러나 수사를 의뢰한 원전부품 품질증빙서류는 총 256건이며, 수사요청 대상자는 47명이다. 이후 한수원은 품질증빙서류 위조를 가려내기 위해 서류 원본을 직접 제출토록 하는 한편 기기검증을 받은 비용입증서류도 첨부하도록 납품서류 제출요건을 강화했다. 산업통상자원위원회 소속 이채익 의원은 '원전 비리의 끝이 어딘지 도무지 알 수 없다. 검찰 수사와 감사 이전에 서류 위조를 원천적으로 방지할 특단의 대책이 필요하다.'라고 지적했다." (서울신문, 2013. 10. 19.)

2011년 일본 후쿠시마에서 원전 폭발사고가 터졌다. 그곳은 지금 방사능 유출 오염으로 사람은 물론 생물이 살 수 없는 곳이 되었다. 우리는 후쿠시마의 교훈으로 원전이 얼마나 중요한지 깨달았다. 2012년에 제보가 있었다. 우리나라 원전에 납품된 부품들이 품질보증서류들을 위조한 불량품이라고 말이다. 대대적인 감사가 시작되었고 그동안 쨈짜미하던 원전 비리는 만천하에 부끄러운 민낯이 드러났다. 국민들은 후쿠시마의 학습효과로 불안해했다. 원전을 관리하는 한국수력원자력은 한순간에 비리의 온상으로 지탄을 받았다.

"사실 저도 엄청난 충격을 받았어요. 고등학교 졸업 직후에 청운의 꿈을 안고 입사하여 제 젊음을 원전에 바쳤습니다. 국민들은 물론이고 집안 어르신조차 '애야, 너는 아느냐?'라고 물을 때는 얼굴이 화끈거렸지요. 그때가 현장에서 원자력중앙연구원에 팀장으로 간 지 얼마 안 됐을 때입니다. 원전 납품 비리의 주요 원인엔 부품을 검사하고 인증하는 장비가 우리나라에 없으니까 해외에서 인증 받은 서류를 손쉽게 위조하면서 발생한 측면이 있어요. 저는 원전 비리를 원천적으로 차단하는 방법은 원전에 들어가는 여러 부품을 우리 손으로 검사하고 인증하는 장비 '중형 체임버'를 만드는 데 있다고 생각했습니다."

그러나 벽에 부딪혔다. 우선 여러 팀의 프로젝트를 조정·관리하는 그룹장부터 기술 부족의 원인을 이유로 반대했다. "방 팀장, 그거 힘들어. 나도 해봤잖아. 아직은 기술이 부족해."라면서 말이다. '중형 체임버'는 원전부품 검사인증장비로서 부품을 체임버에 넣고 온도와 압력을 극한까지 올리고 내리면서 성능을 테스트하는 것이다. 그러나 '중형 체임버'는 최고의 기술을 가진 미국에서조차 혀를 내두르는 기술이 필요하다. 이러한 사실을 알고 있기에 어느 연구원은 "중형 체임버를 만들면 내 손에 장을 지진다."라고 말하기도 했다.

가장 큰 문제는 '중형 체임버' 내부에 온도와 압력을 입력하는 시스템이었다. 높은 온도로 설정하면 압력이 낮아지고, 압력을 높이면 온도가 떨어졌다. 일 년 동안 거기서 맴돌았다. '더 이상 안 되는 것인가? 포기해야 할까?'라는 생각이 들었다. 일 년 동안 12시 전에 퇴근한 날이 없을 정도로 매달렸지만 성과가 없으니 몸과 마음이 피폐해졌다. 그날도 새벽에 들어와 잠을 청하며 바로 곯아떨어졌다.
꿈에서 원통형의 '중형 체임버'가 보일러로 바뀌면서 '안 돼!' 하고 소리를 치며 깨어났다. 일어나서 물을 한 잔 먹고 현실처럼 생생한 꿈을 다시 생각하다 보일러에서 생각이 멈췄다. 그러다 문득 '그래! 일반 가정용 보일러로 온도와 압력을 조절해보자.' 하는 생각이 들었다. 그날 아침 방극진은 가정용 보일러를 한 대 구매하여 실험을 했는데 대성공이었다.

"제안이 해결되지 않으면 꿈에서도 무의식적으로 계속 생각하나 봐요. 해결하지 못한 제안을 꿈에서 두 번 해결한 적이 있습니다. 특히 그럴 때는 꿈이 아주 생생합니다. 하하!"

2014년 9월. 드디어 원전부품을 시험하고 인증할 수 있는 스마트 기능의 '중형 체임버'가 세계 최초로 개발되었다. 남들은 모두 못할 거라고 했지만 방극진은 해냈다. 그는 '중형 체임버'의 핵심 제작기술을 4개의 특허로 출원을 준비하고 있다. 보통은 변리사가 특허 명세서를 작성하지만 방극진은 "자신이 개발한 것은 스스로가 가장 잘 알기 때문에 명세서를 직접 쓴다."고 말했다.

방극진은 직장생활 11년 차에 처음으로 제안을 했다. 그리고 그는 평범한 직장인에서 대한민국 명장으로 변신하였다. 방극진과 인터뷰를 마치고 일어선 시간 21시 30분. 다시 연구원으로 돌아가는 뒷모습은 영락없는 20대 청년이었다.

제3장

특허로 연결해
부를
창조하다

박순복

● 주요 경력
　– 포스코 기술연구원
　– 대한민국 산업현장 교수
　– 대한민국 청소년 발명경진대회 심사위원

● 주요 활동과 수상실적
　– 대한민국 직무발명왕(300여 건 등록)
　– 대한민국 명장 선정
　– 한국 신지식인 선정
　– 기능한국인 선정
　– 특허챔피언 선정
　– 대한민국 특허기술대전 은상 2회, 동상 3회 입상
　– 올해의 포스코인 선정
　– 용접기능장 등 다수 국가자격 취득
　– 동탑산업훈장 등 다수 수상

● 주요 제안과 발명
　– 소둔로 내 통판장치
　– 절연코팅층 균열화 장치
　– 고온소둔로의 실링장치

용광로에서
특허를 만들다

– 박순복 –

우리나라는 특허 보유 4위로 지식경제 강국이다. 특허는 부를 창조한다. 특히 직원들이 업무 과정에서 출원하는 직무특허는 발명자는 물론 회사를 먹여 살린다. 얼마 전, 특허청은 박순복을 「대한민국 최다 직무특허 등록자」로 발표했다. 그가 등록한 특허는 300여 건. 입이 벌어진다. 그러나 그 이면을 보면 짠하다. 상상조차 되지 않는 1,500도의 용광로에서 탈수를 막기 위해 소금을 퍼먹으면서 굵은 땀방울을 흘린 결과다. 끓어오르는 용광로에서 철이 아닌 특허를 만들어 낸 사나이. 작업복에 소금땀의 하얀 지도를 매일 그린다는 그가 궁금해 포항행 기차에 몸을 실었다.

13세에 집안의 가장이 되다

　박순복은 농사를 짓는 시골의 평범한 가정에서 태어났다. 집안은 화목했다. 하지만 그가 두 살 때 누나가 고열로 사망하면서 어머니는 큰 충격에 말문을 닫아 버렸다. 그렇게 어머니는 영영 듣지도 말하지도 못하는 장애인이 되었다. 아버지는 어머니를 데리고 용하다는 병원을 모두 다녔지만 소용이 없었다. 그토록 부지런하던 아버지는 일손을 아예 놓아 버리고 매일 술로 슬픔을 달랬다.

　그리고 아버지는 기어이 세상과 등을 져버렸다. 논에 잡초가 무성하게 자라면서 배고픔은 극에 달했다. 초등학교를 이제 막 졸업한 형은 학업을 포기하고 돈을 벌기 위해 외지로 나갔다. 이제 박순복은 어머니와 동생을 돌보고 집안을 꾸려야 하는 가장이 되었다. 그의 나이 13세였다.

　중학교에 진학한 박순복은 교복을 입고 새벽 5시부터 경운기로 논을 갈았다. 허기진 배를 움켜잡고 잡초를 뜯어내며 원치 않는 학생농부가 되어갔다.

　"교복을 입고 일을 하다가 여학생들을 보면 너무 부끄러워서 논둑에 몸을 숨겼습니다. 여학생들이 지나가면 다시 일을 했지요. 그렇게 등교 전과 하교 후에는 어김없이 저 혼자 농사를 지었습니다."

그는 학생이자 농부였다. 저녁에 농사일을 마치고 집에 오면 허기지고 피곤했지만 공부는 멈추지 않았다. 그 결과 박순복은 우수한 성적으로 도지사의 추천을 받아 구미의 금오공고에 합격을 했다. 당시의 금오공고는 가난하지만 우수한 성적의 학생들을 전국에서 선발해 졸업과 동시에 부사관으로 임관을 시키는 특수목적고등학교였다. 학생들은 새벽 5시에 기상을 해서 달리기로 아침을 열고 밤 12시까지 의무적으로 전공과목을 공부해야만 했다. 고등학교를 졸업하고 하사로 임관한 박순복은 최전방에서 5년 동안 국방의 의무를 다하고 중사로 만기 전역을 했다.

5년의 군 간부 생활을 통해 박순복은 더욱더 강인한 사람으로 변화되었다. 전역 후에 막노동을 하면서 일자리를 찾던 박순복은 포스코 생산직에 지원해 합격을 하고 새로운 삶을 시작했다.

1,500도를 견디는 신물질 개발에 도전

처음 출근을 하고 자존심이 팍 상했다. 박순복은 5년의 군 복무로 입사가 늦어지면서 자신보다 나이 어린 선배에게 허리 숙여 인사해야 했다. 아침에 출근을 하면 작업장 청소는 물론 변기까지 닦았다. 서러웠지만 얼마 전까지 일자리가 없어 막노동을 하던 기억을 떠올리며 기꺼이 일을 했다. 시간이 지나면서 생산직 사원으로 성공하려면 남들이 인정하는 자신만의 기술력을 가져야 한다는 것을 깨달았다.

"처음에는 뭐가 뭔지 잘 몰랐지만 서서히 업무에 적응을 했습니다. 아무래도 생산직 업무가 단순 반복이 많아서 자꾸 하다 보면 손에 익지요. 그래서 직원들의 수준이 다 고만고만했습니다. 그런데 회사에서 기술로 인정받는 선배들이 있었어요. 그들의 비결은 무엇일까 궁금했습니다. 저도 회사에서 인정받고 싶었거든요. 그들의 공통점은 자신의 업무에서 불편을 개선하고 새로운 기술을 개발해 회사에 제안하는 것이었습니다."

그때부터 박순복은 작업복에 항상 미니수첩을 넣고 다니며 궁금하거나 개선할 점을 빼곡히 기록하고 회사에 제안을 하기 시작했다. 처음에는 단순한 제안이 주로 채택되었지만 노하우가 쌓이면서 전문적인 기술 분야도 채택되었다. 박순복은 1990년 4월에 처음으로 자신의 제안을 직무특허로 출원을 했다. 입사한 지 두 달 만에 이뤄낸 성과였다.

이후에도 개선한 것을 회사에 제안하고 그중에 특허의 가치가 있는 제안은 계속 직무특허로 출원했다. 제안과 특허가 쌓이면서 박순복은 누구나 인정하는 포스코의 제안왕과 특허왕으로 변신하고 있었다. 이제 그는 기술 개발에 대한 자신감을 바탕으로 전 세계의 철강회사와 연구진들이 모두 실패한 「소둔로 내벽에 바르는 신물질」 개발에 도전을 하기로 마음을 먹었다.

소둔로는 금속 강판의 특성을 최적화하기 위해 최대 1,500도에서 최소 450도로 열을 조절하면서 열처리를 하는 곳이다. 최소 온도 450도는 사람의 체온보다 무려 12배가 높다. 처음 소둔로에 배치되어 작업을 할 때 선배는 긴장한 얼굴로 말했다.

"항상 작업할 때 소둔로 벽을 잘 봐야 되는 기라. 내벽이 갑자기 무너져 내리니까. 조금만 방심하면 크게 다친데이. 며칠 전에도 여기서 크게 다친 거 알고 있제? 하이튼 무너질 조짐이 보이면 무조건 피해라. 알았제?"

선배의 말처럼 소둔로 내벽은 예고도 없이 수시로 무너져 인명 사고가 빈번하게 일어났다. 그때마다 박순복은 아찔함에 가슴을 쓸어내렸다. 다 때려치우고 나가고 싶을 정도로 소둔로 작업장은 타는 듯한 뜨거운 열기와 죽음의 공포가 늘 공존했다. 박순복은 언제 닥칠지 모르는 위험을 피하기보다 균열이 가지 않는 신물질을 개발해 사고를 원천적으로 예방하는 정면돌파를 택했다. 먼저 소둔로의 내벽이 무너지는 이유를 분석했다. 내벽에 발라 놓은 시멘트가 강한 열을 못 견디고 갈라지면서 순식간에 무너져 내리고 있었다. 그렇다면 1,500도의 열에 견디는 강한 시멘트를 만들면 될 터. 박순복의 미션은 명쾌했다.

불광불급(不狂不及): 미치지 않으면 이룰 수 없다

쉽지 않았다. 세계의 어느 누구도 성공하지 못한 일이었다. 낮에는 일을 하고 다른 직원들이 퇴근하면 그제야 연구를 하기 시작했다. 휴일도 없이 매일 새벽까지 열에 강한 여러 재료와 시멘트를 섞으며 실험을 했지만 한 발짝도 나아가지 못했다. 퇴근하면 곧바로 쓰러지듯이 잠이 들었다. 너무 무리했던 걸까? 잠자면서 코피를 쏟는 일이 많아졌다. 아내는 울면서 "그 연구 그만두세요. 그러다 정말 큰일 나겠어요."라며 말렸다. 연구를 시작한 지 한참이 지났지만 어떠한 성과도 없었다. 다른 방법을 찾기 시작했다.

"사실 제가 포스코 연구원이 아니잖습니까? 대학을 나온 것도 아니고. 일개 고졸 생산직 사원이 의욕만 가지고 덤빈다는 이야기가 주위에서 들렸습니다. 그래서 좀 체계적이고 전문적으로 해보자는 생각에 이 분야에서 최고로 인정받는 서울의 교수님을 찾아갔습니다. 교수님은 소둔로 내벽에 바르는 신물질 개발은 꼭 필요하다고 말씀해주셨어요. 힘이 났지요. 하지만 연구비용이 1억 원 이상은 들 거라는 말에 맥이 탁 풀렸습니다."

1억 원. 박순복은 포기를 심각하게 고민했다. 연구비용을 대려면 자신의 유일한 재산인 집을 팔아야 했고 그렇게 한다고 해서 성공을 장담할 수도 없었다. 그러나 고민이 거듭될수록 미치도록 도전하고 싶었다. 간절함이 통했던 걸까? 아내는 허락해 주었다. 집을 팔고 허름한 단칸방 월세로 들어갔다. 모두가 퇴근한 공장에서 연구를 위해 소둔로에 있으면 시뻘건 지옥에 있는 느낌이었다. 땀과 먼지로 온몸이 뒤덮이고 얼굴은 탄광의 탄부보다 더 시커멓게 되었다. 뜨거운 열기에 작업복을 입고 있어도 땀이 물처럼 흘러내렸다.

연구를 시작한 지 2년의 세월이 지났지만 진전이 없었다. 모든 재산을 쏟아 부은 연구비도 바닥을 보이기 시작했다. 이제 정말 연구를 포기해야 하는 상황까지 왔다. 그때 장인어른에게서 연락이 왔다. 아버지가 일찍 돌아가셔서 평소에 아버지처럼 정을 주시던 분이었다. 장인어른은 집을 담보로 대출을 해서 연구비를 지원해주셨다. 그 돈을 받아야 할지 크나큰 고민을 했지만 기필코 연구를 성공시키라는 장인어른의 말씀에 어쩔 수 없었다. 전장에서 밥 지을 솥을 깨뜨리고 돌아갈 때 타고 갈 배를 가라앉혀 죽음을 각오하고 싸운다는 뜻의 '파부침선破釜沈船'이라는 고사성어가 박순복의 입에서 맴돌았다.

일주일에 한 번은 서울로 올라가 대학교수와 연구 결과를 분석하고 이후의 실행과제를 정했다. 포항에서 서울을 오가는 길은 힘들었지만 주먹구구식의 연구는 차츰 체계적으로 정리가 되었고 연구 성과도 조금씩 축적되었다. 그러나 신물질 개발의 성공에 대해서는 여전히 확신이 없었다. 박순복은 당시의 상황을 이렇게 말한다.

"살던 집 처분도 모자라 처갓집을 담보로 돈을 빌렸으니까 다들 미쳤다고 그랬습니다. 그 소중한 돈을 아낌없이 투자했지만 성과가 없었어요. 그럴수록 마음은 조급해지고 성공에 대한 압박감은 늘 저를 짓눌러서 우울증까지 걸릴 정도였습니다. 모든 걸 다 포기하고 싶을 때도 있었어요. 특히 제 마음 속에서 연구에 대한 회의감이 솟아오르면 정말 괴로웠습니다. 그때는 연구에 대한 확신을 마음속으로 유지하는 게 가장 힘들었어요."

설상가상이라고 했던가. 중증의 당뇨를 앓고 있던 장인이 급기야 실명에 이르고 다리가 썩는 합병증을 얻어 임종을 앞두고 있다는 아내의 전화를 받았다. 순간 다리에 힘이 풀리며 땅바닥에 주저앉았다. 병원에 가서 사정을 알아보니 장인어른은 병원비를 아껴서 연구비를 지원하고 있었다. 박순복은 오열했다. 장인어른은 박순복의 손을 꼭 잡았다가 힘없이 놓으며 눈을 감았다. 장례식이 끝나고 하늘에 계신 장인어른을 생각하며 더욱더 연구에 매진했다. 잠도 하루 두세 시간으로 줄였다. 드디어 5년 만에 시제품을 완성했다.

세계 최초의 신물질을 개발하다

연구를 시작한지 5년 만에 시제품이 나왔다는 소식은 회사에 순식간에 퍼지고 임직원들이 보는 앞에서 시연을 했다. 박순복이 개발한 시제품은 제철소 안에서 버려지는 물질과 일정량의 과소 석회(산화칼륨) 등을 시멘트에 첨가한 것이었다. 시제품의 성공 기준은 1,500도의 온도에서 균열 없이 일주일을 버티는 것. 그러나 실험을 시작하고 얼마 후에 시멘트가 갈라졌다. 기대감의 눈빛은 순식간에 질타의 눈빛으로 변했다. 직원들이 자리를 떠나며 던진 말들은 박순복의 가슴을 더욱 아프게 했다.

"외국의 유명한 박사들도 연구를 하다가 포기했다고 하던데 일개 생산직 사원이 성공하면 말이 안 되지."

"송충이는 솔잎을 먹고 살아야 하는 기데이. 뱁새가 황새 따라가다 가는 가랑이가 찢어진다 안 카드나."

5년 동안의 연구가 물거품이 된 순간. 차오르는 분노를 억누르고 시연장을 홀로 정리했다.

"제가 대학 출신의 연구원이었다면 연구실과 연구비용을 다 지원 받았을 겁니다. 그러나 저는 고졸 생산직입니다. 연구비도 사재를 털어서 했고 실패에 대한 질책도 저 혼자 감당해야만 했지요."

후회할 시간도 모자랐다. 머릿속으로는 이미 실패의 이유를 분석하고 있었다. 그때 문득 제철소에서 사용 후 폐기된 고온을 견디는 물질(폐내화물)과 용광로 내부의 생석회(산화칼슘)를 혼합하면 어떨까 하는 생각이 들었다. 두 가지의 물질을 혼합한 시멘트를 만들어 실험을 하는 사이 또다시 일 년이 훌쩍 지나갔다. 이번에는 확신이 들었다. 또다시 임직원 앞에서 시연을 했다. 박순복이 만든 시멘트는 1,500도의 열에도 갈라짐이 없었다.

세계 최초로 1,500도에 견디는 새로운 시멘트가 탄생한 순간이었다. 직원들은 환호성을 질렀고 박순복의 얼굴은 눈물범벅이 되었다. 먹을 것 아끼며 산 집을 팔았던 일, 장인어른이 병원비 아껴가며 연구비를 지원해줬던 일, 장인어른이 운명하시던 순간, 미친 사람이라며 6년 동안 직원들에게 멸시를 받았던 일 등이 순식간에 스쳐 지나갔다. 6년간의 긴 시간만큼 눈물은 멈추지 않았다.

박순복이 개발한 신물질은 「폐내화물과 과소 생석회를 사용해 만든 시멘트 모르터」로 특허 등록이 되었다. 박순복의 개발로 소둔로의 내벽은 더 이상 무너지지 않아 인명 사고를 획기적으로 줄였다. 또한 폐자원을 재활용함으로써 생산성 향상도 가져왔다. 박순복은 정부로부터 공식적인 기술 개발을 인정받아 신지식인에 선정되었다. 포스코는 박순복을 「올해의 포스코인」으로 선정하고 특별승진과 함께 유럽 3개국 연수교육을 보내 주었다. 그리고 그의 연구 능력을 높이 평가해 생산직 사원에서 연구원으로 직무를 바꿔 주었다.

이후 박순복은 제안과 발명활동에 지속적으로 매진하여 제안 3,020건과 직무특허 300여 건을 등록했다. 그는 대한민국에서 가장 많은 직무특허를 등록한 사람이 되었다. 정부에서는 그의 공적을 인정해 2010년에 동탑산업훈장을 수여하고 「대한민국 명장」으로 선정했다. 요즘 박순복은 휴가를 이용해 전국의 고등학교를 다니며 학생들에게 꿈을 심어주고 있다. 그가 잊지 않고 하는 말이 있다.

"저는 고졸 생산직 사원이었습니다. 아무도 제게 제안과 발명을 강요하지 않았어요. 그저 제 일만 열심히 하면 됐습니다. 하지만 저는 평범한 사람이 아닌 최고가 되고 싶었어요. 그래서 어떡하면 최고가 될 수 있을까 늘 고민했지요. 답은 제안이었습니다. 제안을 위해 늘 새롭게 무언가를 생각하다 보니 제 인생도 새롭게 변화되었습니다.

그리고 제안을 특허로 자연스럽게 연결했습니다. 그 덕분에 지금 저는 생산직 사원에서 연구원으로 변화되었고 대한민국에서 가장 특허를 많이 낸 직장인이 되었습니다. 여러분들도 자신이 좋아하는 분야를 찾아서 새로운 제안을 해보세요. 삶이 경이롭게 변화됩니다."

홍재석

● 주요 경력
 – 세계발명가협회 부회장
 – 한국거북선발명연구회 회장
 – 아시아발명가협회 부회장
 – 한국대학발명협회 이사
 – 육군원사 퇴역
 – 시인

● 주요 활동과 수상실적
 – 대한민국 특허왕(550여 건 등록)
 – 한국 신지식인 선정
 – 대한민국 발명왕 선정
 – 대한민국 현대인물 선정
 – 보국훈장, 발명유공 훈장 수상
 – 미국, 스위스, 독일 국제 발명품 전시회 금상 등
  다수 수상

● 주요 발명
 – 종합헬스기구
 – 기능성 목발

제안왕, 발명왕,
선행왕

– 홍재석 –

병사들을 위한 마음으로

군인 발명왕으로 널리 알려진 홍재석을 만나러 가는 길은 멀었지만 설렘이 있었다. 그의 서재에서 인터뷰를 하기로 하였다. 서재에 들어서니 오랜 제안과 발명의 흔적이 생생하게 다가왔다. 빽빽하게 전시된 상장과 특허증 그리고 제안서들. 35년의 군 생활 동안 군에서 실용화된 그의 제안은 2,400건. 나라의 경제력은 전투력과 군인 복지수준을 그대로 반영한다.

2015년 군대의 현실은 아직도 하나의 침상에서 10명이 넘는 청년들이 어깨와 발을 쭉 펴지 못하고 쪽잠을 자고 있는 것이다. 지금도 그럴 텐데 홍재석이 군에 입대한 1973년에는 병영의 환경이 얼마나 열악하였는지 짐작하고도 남음이 있다. 그의 첫 제안은 추운 겨울날에 따뜻한 물이 없어 찬물로 목욕하고 세수하는 병사들을 보며 시작되었다.

"하사로 임관하고 자대에 왔어요. 그날 막사에서 병사들과 자고 아침에 일어났더니 석탄난로 때문에 다들 얼굴이 새까매요. 찬물로 세수를 하는데 얼굴과 손이 얼음장이 되고 따뜻한 물이 없으니 잘 씻지 않아 동상에 걸린 친구도 많더라고요. 그래서 온수를 지속적으로 쓸 수 있는 방법이 없을까 고민하기 시작했죠."

그렇게 한 달을 고민하던 그는 석탄난로 양쪽에 드럼통을 놓고 쇠파이프로 난로를 감아 한쪽 통에 들어온 찬물이 쇠파이프를 지나며 데워진 후에 다른 통에 흘러가도록 만들었다. 그날부터 100명이 넘는 중대원들은 따뜻한 물로 샤워까지 하는 호사를 누렸다. 이것을 군사 제안에 정식으로 제안했다면 모든 부대에 적용될 수 있었지만 당시 그는 제안제도를 몰랐다.

어느 날 홍재석이 야간 당직근무를 서고 있는데 3군사령부 감찰장교가 예고도 없이 검열을 나와 당직근무 실태를 확인하였다. 병사들의 취침 상태를 확인하러 생활관에 들어간 감찰장교는 난로의 이상한 장치를 발견하고 "저게 뭐냐?"라며 물었다. 홍재석은 난로를 이용해 물을 따뜻하게 데우는 장치라고 설명해주었다. 드럼통에서 직접 뜨거운 물을 확인한 감찰장교는 "여기서만 쓸 게 아니라 다른 부대도 활용하면 좋겠다. 내가 제안서 쓰는 방법을 알려줄 테니 이번 분기에 제안해라."라고 말했다. 그렇게 그는 하사로 임관한 지 4개월 만에 첫 제안을 하게 되었다.

「난로 온수기」는 육군 제안심사에서 최우수제안으로 선정되었고, 참모총장은 '겨울이 가기 전에 만들어서 전군에 보급하라.'고 지시를 내린다. 군대에서 참모총장의 지시는 어명과 같은 법. 다음 날, 육군에서는 P 업체와 계약을 체결하고 홍재석을 기술고문으로 임명하여 2개월 동안 업체로 파견하였다. 그가 만든 '난로 온수기'는 업체에서 1만 개 이상 만들어져 전군에 보급되었다.

그리고 홍재석은 하사에서 중사로 특진을 했다. 그가 군대에 입대한 지 6개월도 되지 않아 일어난 일이다. 당시 하사에서 중사로 진급하려면 8년씩 걸리던 때였으니 홍재석의 선배들은 이 소식을 듣고 난리가 났다. 그날 밤 저녁, 진급 추월을 당한 선배들은 취사장으로 홍재석을 불러 곡괭이 자루로 엉덩이가 피떡이 되도록 때렸다. 당시를 회상하던 그는 이렇게 말했다.

"다 맞고 막사로 엉금엉금 기어가는데 그래도 실실 웃음이 나던데요? 7년 선배를 제치고 진급을 했으니 기분은 무지 좋았나 봐요. 특히 1~2년 선배들이 저를 엄청 괴롭혔는데 이제는 제가 상급자가 되었으니. 하하!"

제안에서 특허로

제안으로 특진을 하고 부대의 유명 인사가 된 홍재석은 홍 박사로 불리게 되었다. 군대 훈련과 병영생활에서는 불편한 것이 많았는데 그에게는 그런 상황이 오히려 고마웠다. 불편함은 곧 제안거리가 되었으니까. 퇴근을 하면 새벽까지 뜯고 고치고 만드는 생활이 일상이 되었다. 그날은 병사식당에서 음식을 할 때 불을 넣어주는 버너의 고정대가 열에 약해 자주 깨지면서 이를 개선하기 위해 고민을 거듭하고 있었다. 시멘트로 발라보기도 하고 금속으로도 만들어 보았지만 번번이 깨지고 버너 불에 녹아 버렸다.

이 광경을 지켜보던 김 일병이 조심스럽게 "제가 군대 오기 전에 보일러 회사에 잠깐 다녔는데 케스타블이 열에 엄청 강하다고 들었습니다. 청계천에 가면 구할 수 있을 겁니다."라고 알려 주었다. 그날 퇴근하고 청계천으로 달려간 그는 수소문하여 케스타블을 취급하는 C내화라는 조그만 업체를 찾아갔다. C내화 사장은 그에게 사정을 듣고 "공짜로 줄 테니까 이걸로 만들어보고 잘되면 다시 와요." 하면서 배려해 주었다.

부대로 복귀해서 밤을 새며 케스타블로 버너 고정대를 만들었다. 다음날 아침식사 때 사용해보니 완벽했다. 이 소식을 들은 근처 간부 식당 고참 병사가 군대 음료수 '맛스타'를 한 박스 들고 와 "홍재석 중사님, 하나 더 만들어 주시면 안 되겠습니까? 저 좀 살려주십시오."

하고 부탁을 하였다. 홍재석은 다시 C내화를 찾아갔다. 사장은 대뜸 홍재석에게 이렇게 말한다.

"그거 특허 내봐요. 버너 고정대는 군대, 경찰, 일반 식당에서도 다 쓰니까. 수요가 많을 것 같은데……. 혹시 특허 나면 나한테 팔아요. 어차피 당신이 대량으로는 못 만드니까."

홍재석은 특허사무실에 찾아가서 변리사와 특허출원을 하기로 한다. 그리고 까맣게 잊어버리고 지내다가 어느 날 우편으로 특허등록 증을 받았다. C내화 사장에게 연락을 했더니 1년치 월급을 주고 사겠다고 해서 특허를 양도했다. 특허가 곧 돈으로 연결되는 것을 확인한 그는 그때부터 군대 제안과는 별도로 민간 생활용품 특허를 출원하기 시작했다.

현재 그가 등록한 특허는 550건. 그중 가장 대박을 친 특허는 종합헬스기구이다. 행정보급관 직책을 수행하던 그는 책상에 앉아서 사무를 보던 시간이 많았다. 허리가 좋지 않았던 그는 오래 앉아 있으면 목과 허리가 많이 아프고 다리가 찌릿찌릿 저려왔다. 그래서 책상 밑에 스프링 발판을 달아서 다리로 눌러주며 다리를 풀었고 의자 뒤에는 앞으로 당길 수 있는 스프링 손잡이를 달아서 운동을 했다. 그것을 본 병사들이 헬스장에 하나 만들어 달라고 해서 만든 것이 오늘날 모든 헬스장에 있는 「종합헬스기구」의 시작이었다.

홍재석은 특허를 내고 독일 국제발명전시대회에 한국 대표로 출전을 했다. 대회 내내 가장 많이 붐비는 곳은 홍재석의 부스였다. 심사위원들은 종합헬스기구를 직접 사용해 보며 "원더풀! 원더풀!"이라고 했다. 결과는 1등으로 금상을 탔다. 이때 독일 바이어가 찾아와 어마어마한 금액에 특허 양도를 제시하였다. 그 사실을 모르던 한국의 종이박스 제작회사 T 사장이 홍재석에게 자신의 어려운 처지를 말하면서 독일 바이어의 반도 안 되는 적은 금액을 말하였다. T 사장은 종이박스 회사의 수익성이 떨어져 새로운 사업 아이템을 찾으러 독일의 발명대회까지 와 있었던 것이다.

결국 홍재석은 많은 돈을 포기하고 T 사장에게 특허권을 양도하였다. 종이박스를 찍던 T 사장은 종이박스 회사를 없애고 그 자리에 헬스기구 회사를 만들었다. 그는 지금 전 세계에 종합헬스기구를 수출하면서 거부가 되었다. 홍재석은 지금까지 550개의 특허를 등록하였다. 사업에 망한 사람들이 소문을 듣고 그를 찾아오면 특허목록을 보여주고 "무료 사용권을 줄 테니 여기서 골라 다시 일어나세요!"라고 말해준다.

김관진의 비밀 책사가 된 홍원사

군인들이 물 먹을 때 쓰는 수통 개선으로 육군 제안심사 발표에 참석한 그는 심사위원장인 기획참모부장을 거기서 처음 보았다. 대개 심사위원장들은 조용히 있다가 의결만 했는데 새로 부임한 기획참모부장은 제안 발표자들에게 날카롭게 질문을 하고 새로운 개선 방향을 제시하기도 하였다.

그럴수록 발표자들은·얼굴이 빨개져서 대응도 잘 못하였다. 홍재석의 차례. 발표가 끝나자 심사위원장은 "당신, 이름이 뭐요? 박수 한번 쳐줍시다." 하며 칭찬을 해주더니 "끝나고 내 방으로 좀 와요."라고 말했다. 기획참모부장의 방에서 제안제도에 대해서 꼼꼼하게 물어본 그는 홍재석의 말에 메모까지 하였다. 원사의 말에 메모를 하는 소장. 환담을 하며 군복에 새겨진 기획참모부장의 이름을 자세히 보았다.

김관진. 훗날 군인 서열 1위의 합참의장, 국방부 장관, 국가 안보실장으로 승승장구하게 되는 인물. 군인의 최고 계급인 대장으로 승진해 3군사령관으로 취임한 김관진은 평소처럼 정년퇴직을 하는 군인들의 전역 신고를 받았다. 그곳에서 전역 신고를 하러 온 홍재석을 보았다.

"아니, 홍 원사가 전역하면 어떡해? 인사참모! 이 사람 전역시키면 안 돼. 절대 안 돼. 전역 신고 끝나면 당장 군무원으로 특채시켜!"

김관진 사령관의 지시로 홍재석은 2006년 9월 31일에 정년을 맞아 전역 신고를 하고 다음 날인 10월 1일에 군무원으로 다시 전입신고를 하였다. 군무원으로 특채된 그는 여러 가지 제안을 통해 국방예산을 절감하고 전투력을 향상시켰다. 어느 날, 한 대당 1억 원이 넘는 화학제독차 납품검사를 하였다. 그는 화학제독차 납품검사를 하면서 불필요한 기능이 많아 가격이 부풀려진 것을 알고 개선제안서를 사령부에 제출하였다. 그가 제시한 정상 납품가는 5천 8백만 원.

업체에서는 엄청난 항의를 하였지만 합리적인 그의 제안은 받아들여졌다. 지금 화학제독차는 전군에 1천 대 이상이 보급되어 있으니 그가 절약한 국방예산은 아주 크다. 또한 김관진은 전방 철책을 효과적으로 감시할 수 있는 방안을 강구할 수 있도록 홍재석에게 지시했다. 홍재석은 철책에 여러 기능의 감지센서를 달아 철책을 무인 감시하는 데 성공을 했다. 현재 전방에는 홍재석이 만든 무인 철책 감시장치가 설치되어 있어 우리 군 장병들의 수고를 덜어 주고 있다. 인물은 인물을 알아본다고 했던가. 김관진은 홍재석을 조직의 비밀책사로 활용하였다.

제안왕, 발명왕, 선행왕

용인시에서 홍재석은 선행천사로 통한다. 그의 선행은 22년째 이어지고 있다. 시작은 부대 앞 기흥중학교에서 발명반 지도를 부탁하면서였다. 발명반 아이들 중에 소년소녀가장 남매가 있었고 그때부터 자식처럼 키웠다.

"남매가 발명반 활동을 열심히 했어요. 나중에 소년소녀가장인 걸 알게 되었고. 그때부터 부모 노릇을 했죠. 큰 애가 딸인데 결혼할 때

제가 손을 잡고 함께 들어갔습니다. 이제는 어른이 됐는데 아직도 저를 아빠라고 불러요."

이런 이야기가 지역에 알려지면서 여기저기서 도와달라는 요청이 왔다. 지역의 55개 학교에서 무보수로 발명교사 활동을 하고, 휴일에는 장애인 단체와 복지관에 매일 출근을 해서 맥가이버 역할을 했다.

"집수리, 휠체어 정비, 목욕 봉사, 김장, 고장난 가전제품 수리 등 안 하는 게 없어요. 장애인들의 불편함을 알고 휠체어와 목발을 개선해 여러 특허도 냈어요."

홍재석은 봉사활동을 하면서 장애인들이 목발 때문에 불편한 것을 알게 되었다. 목발이 길어서 작은 차에 실리지 않는 점, 장시간 목발을 짚으면 어깨가 아픈 점, 목발의 길이가 똑같아 키 작은 사람은 사용이 불편한 점, 목발에 흡착력이 없어 겨울에 잘 미끄러지는 점. 이러한 문제점을 한 번에 해결한 기능성 목발을 만들어 특허를 냈다. 그리고 특허를 어려운 중소기업에 양도했고 그 기업은 기능성 목발을 생산하여 전 세계에 수출까지 하고 있다.

"목발을 접이식으로 만들고 높낮이를 조절했어요. 그리고 어깨에 닿는 부분에 쿠션을 넣고 밑 부분에 스노타이어처럼 빙판에도 안 미끄러지게 흡착밴드를 붙였죠. 장애인들이 좋아하더라고요. 그래서 특허 내고 중소기업에 양도했죠. 그 회사 지금 대박 났어요."

매년 장애인의 날이 다가오면 홍재석은 기능성 목발을 만드는 그 회사에서 300개씩 대량 구매해 장애인들에게 나누어 주고 있다. 또한 휠체어에 멈춤 기능이 없는 것을 알고 제동장치를 만들고 특허를 내는 등 봉사활동 과정에서 장애인들을 편하게 해주는 여러 특허를 냈다. 그는 평생을 어느 곳에 가든지 사람들이 불편하게 느끼는 부분을 개선하고 특허로 만들어 모든 사람이 그 기술을 공유하도록 실천하였다. 얼마 전, 그는 경기도로부터 1만 5천 시간 이상 봉사활동을 하면 수여하는 「금자봉이상」을 받았다. 홍재석은 제안왕, 발명왕에 이어 선행왕이 되었다. 2014년 3월에는 그동안의 발명활동을 세계적으로 인정받아 세계발명협회의 초대 부회장으로 선출되어 이 시대의 진정한 발명왕으로 인정받았다.

정희윤

● 주요 경력
  – 대한민국인재연합회 회장
  – 정디슨 인재개발 연구소 소장
  – 창의 발명로봇 영재교실 소장
  – 한국대학발명협회 창의인재팀 팀장
  – 대한민국 창의영재캠프 대표강사

● 주요 활동과 수상실적
  – 대한민국 인재선정
  – 한국 신지식인 선정
  – 대만 국제청소년 발명박람회 금상 수상
  – 이노바 국제발명전시회 금상
  – 대한민국 청소년 발명 아이디어 경진대회
  – 대통령상 2회, 장관상 3회 수상

● 주요 제안과 발명
  – 화재를 감지하는 소화기
  – 교통체증 해결 및 시민 안전시스템

백만 달러 계약서를 쓴
고등학생

- 정희윤 -

　제안과 발명을 분리해 생각하는 것은 무의미하다. 제안과 발명의 어원은 같다. 제안은 새로운 것을 의견으로 내놓는 것이고, 발명은 이제까지 없던 기술이나 물건을 새로 만드는 것이다. 기존의 관행과 형식을 깨는 것. 제안이 곧 발명이고, 발명이 곧 제안이다. 그래서 제안왕들은 대부분 발명왕이다. 한국의 에디슨으로 불리는 정희윤은 약관의 나이에 대통령상 2회, 장관상 3회 입상을 하고 대한민국 인재와 한국 신지식인에 선정되었다. 지금까지 1,000개 이상의 발명을 했으니 정디슨이 과한 별명은 아니다. 고등학교 1학년 때 발명동아리 창립을 제안한 후로 학교를 놀라게 하는 큼직큼직한 성과를 거두었다.

　그러다가 대박이 터졌다. 「화재를 감지하는 소화기」 발명으로 미국 소방청과 $1,000,000 계약서에 도장 꽝! 지금은 인하대 정치외교학과에 다니면서 정디슨 인재개발연구소를 설립해 지역의 학생들에게 무료로 발명을 가르치고 있다. 정희윤의 제자만 500명. 그중 400명 이상이 발명대회에서 수상을 했다. 바쁜 그가 강남에서 강의를 한다는 소식을 듣고 급하게 서울행 버스를 탔다. 수줍게 악수를 청하는 그의 손에서 발명왕의 내공이 느껴졌다. 수많은 발명품을 탄생시킨 미다스의 손은 현장 근로자처럼 두툼하면서 꺼칠꺼칠했다.

고등학교 이름을 바꿔 버린 학생

중학교 2학년. 정희윤은 특별활동 부서를 정하라는 선생님의 말씀에 별 생각 없이 발명반을 선택했다. 발명반 활동을 한 지도 3개월이 지날 무렵 선생님은 "다음 달에 학생 발명대회가 열리니까 출품할 사람은 미리미리 준비하라."고 하셨다. 그러나 발명 아이디어가 쉽게 떠오르지 않았다. 어렵게 생각한 아이디어는 선생님께서 "기존에 나온 발명품이다."라고 하셔서 매번 퇴짜를 맞았다.

그러나 "제품으로 나온 발명품을 생각했다는 건 아이디어가 좋다는 뜻이니까 포기하지 마라."라고 해서 희망의 끈을 놓지는 않았다. 그날 저녁 텔레비전에서 소녀시대를 보고 있는데 전화가 왔다. 어머니는 "희윤아, 전화 왔으니까 소리 좀 줄여."라고 말했다.

"순간 머릿속에서 번쩍하더라고요. 전화가 오면 자동으로 소리가 줄어들었다가 통화가 끝나면 다시 커지는 텔레비전. 속으로 '대박!

대박!'이라 외쳤지요. 다음 날 발명반 선생님께 아이디어를 말씀드리니까 웃으면서 칭찬해 주시더라고요. 그리고 만드는 기술도 알려주셨어요."

정희윤의 첫 발명품은 그렇게 만들어졌고 발명대회에서 금상을 받았다. 학교에서는 일약 스타가 되었다. 인사를 하면 무표정하게 받아 주시던 선생님들도 "희윤아, 축하해!"라고 다정하게 대해 주었다. 그리고 한 번도 가본 적이 없는 교장실에서 교장선생님께서 직접 타 주시는 차까지 마셨다. 평범한 학생으로 주목받는 일이 없었던 정희윤의 학교생활은 그때부터 달라지기 시작했다. 발명품을 만드는 데 흥미를 느끼던 정희윤은 인문계고등학교 대신 공업고등학교를 선택한다. 기대를 안고 삼일공고 전자과에 입학을 했지만 학교에는 발명반이 없었다.

"발명반이 없는 걸 알고 힘이 쭉 빠졌어요. 그것 때문에 공고에 갔는데……. 그래서 생각해낸 게 발명동아리입니다. 우선 친한 친구들에게 햄버거를 하나씩 돌리면서 말을 꺼냈더니 흔쾌히 찬성하더라고요. 발명에서 그치지 말고 벤처 창업으로 이어가자는 생각에 발명 벤처 동아리를 결성했습니다. 그리고 선생님들을 찾아다니면서 동아리 지도를 부탁드렸어요. 그런데 다들 안 하시겠다고……. 아무래도 선생님 입장에서는 개인 시간투자도 해야 하고 발명대회 출품까지 신경써야 하잖아요. 이해는 갔지만 좀 서운했어요. 그리고 그거 할 시간에 공부해서 대학 가라는 말씀들을 많이 하셔서 어린 마음에 상처도 받고 좌절도 했지요. 그때 '짠!' 하고 나타나 도와주신 분이 바로 오종환 선생님입니다."

　어렵게 시작되었던 만큼 정희윤은 동아리의 리더가 되어 열성적으로 뛰어다녔고 그 결과, 발명대회 상장과 트로피는 차곡차곡 동아리 방에 쌓여 더 이상 보관할 공간이 없었다. KBS 등 각종 방송과 신문에 동아리가 소개되면서 자연스럽게 발명 벤처동아리는 삼일공고의 '트레이드 마크'로 자리매김하였다. 그리고 정희윤은 발명우수자 전형으로 꿈에도 그리던 아주대학교에 입학한다. 하지만 졸업 이후에도 후배들을 위해 고등학교에 나와 발명 지도를 해주었다. 조금만 가르쳐도 쑥쑥 성장하는 후배들을 보며 희열을 느끼던 정희윤은 생각한다.

　"동아리가 아닌 발명학과가 생겨 수업 시간에 전문적으로 발명 교육을 배우면 참 좋겠다는 생각이 들었어요. 구체적으로 논리를 만들어서 선생님께 제안을 했지요. 그 이후에도 여러 군데 뛰어다녔습니다."

　드디어 2007년에 우리나라 최초로 발명창작학과가 삼일공고에 생겼다. 정희윤의 예상처럼 발명창작학과는 개설 이후 눈에 띄는 성장을 시작한다. 발명창작학과의 성공을 기반으로 삼일공고는 2010년에 우리나라 1호 발명특성화고등학교로 선정되었다. 모든 학과의 앞에는 '발명'이 붙었다. 발명제약공업과, 발명에너지환경과, 발명기계과, 발명제어시스템과, 발명IT전자과, 발명미디어과, 발명디자인과.

그전에는 다른 공고와 똑같은 커리큘럼으로 가르쳤지만, 발명기법을 덤으로 가르치면서 학생들은 단순한 배움의 틀을 깨고 잠재되어 있던 상상력을 끄집어내기 시작하였다. 창의적인 인재를 가장 먼저 찾는 곳은 기업이다. 그 결과 삼일공고 졸업생들의 대기업과 중견기업 취업률이 수직 상승. 과학고에서나 나오던 창의적인 인재도 지속적으로 나오고 있다. 2014 국제로봇올림피아드 세계대회에서 발명디자인학과 2학년 C 군은 세계적인 영재들을 제치고 무려 3개 부분에서 금메달을 땄다.

발명반조차 없던 학교에서 발명동아리를 만들고 아예 학교를 발명고등학교로 바꿔 버린 정희윤. 앞이 보이지 않아 누구도 가려 하지 않았던 그 길을 정희윤은 꿋꿋하게 홀로 걸으면서 길을 내었다. 그 길을 따라 지금은 발명고등학교가 3개로 늘었고, 수많은 학생 발명가들이 탄생했다.

백만 달러 계약서를 쓴 고등학생

2003년 대구 지하철 참사가 있었다. 연일 보도되는 슬픈 소식으로 국민들은 비탄에 잠겼다. 시간이 지나면서 슬픔은 무뎌지고 사고는 이내 잊혀갔다. 그러나 정희윤은 화재사고를 잊지 않았다. 현상을 보는 여러 시선이 있었지만 역시 그는 사고의 교훈으로 화재를 효과적으로 진압하는 소화기 발명을 생각했다.

"대구지하철 화재참사를 TV로 보면서 큰 충격을 받았습니다. 그때가 중학교 3학년이었어요. 192명이 사망하고 148명이 부상을 입은 화재사고는 끔찍했어요. 그걸 보면서 연기 속에서 재빨리 소화기를 찾고 119에 자동으로 신고를 해주는 획기적인 소방 관련 제품을 발명해야겠다는 생각을 했습니다. 그렇게 탄생한 게 '소화기 지지대 음성전달 시스템'입니다."

정희윤은 고등학교에 입학하고 발명 벤처동아리에서 본격적으로 「소화기 지지대 음성전달 시스템Fire-exit」을 만들기 시작한다. 우선 발명품에 구현할 핵심 아이디어를 구체화시켰다. 불이 나면 가장 먼저 찾는 소화기의 위치를 사람들에게 알려주기 위해 유독가스와 열을 인식하는 센서를 소화기 지지대에 달아서 경보음이 울리도록 했다. 경보음이 울리면 자동으로 119에 화재 신고가 접수되도록 해서 초기 화재진압 신고를 도왔다. 그리고 유독가스로부터 사람들을 보호하기 위해 소화기 지지대 밑에 방독면을 달았다. 아이디어를 실현시키는 것이 쉽지는 않았다. 발명품 제작을 위해 6개월을 실험했다.

"파이어지트(발명품)가 어느 정도 만들어지면서 실제 불이 나면 동작하는지가 궁금했습니다. 그래서 학교 실험실에 불을 피웠지요. 연기가 발생하고 몇 초 지나니까 경보음이 울리더라구요. 친구들이 괴성을 질렀습니다. 그런데 잠시 뒤, '불이야! 불이야!' 하고 밖에서 사람들이 뛰어다니는 소리가 들리더니 '불이 났으니 대피하라.'는 방송까지 나와 나중에 선생님들께 많이 혼나기도 했습니다."

고등학교 2학년 학생 정희윤은 드디어 파이어지트 개발을 끝내고 특허를 출원했다. 그리고 한국벤처창업대전에 출품하여 장려상을 받았다. 제품의 우수성이 입소문 나면서 중소기업청 등 여러 기관에서 2억 5천만 원을 투자받았다. 그 돈을 종잣돈 삼아 정희윤은 창업을 하였다. 그리고 선생님과 함께 미국으로 날아갔다.

처음 찾아간 곳은 LA 소방국. 소방국장이 지켜보는 앞에서 시연회를 갖고 제품의 핵심 기능에 대해 진땀을 흘리며 설명했다. 정희윤의 설명에 소방국장은 '감동을 받았다.'며 외부에는 공개하지 않는 LA 중앙본부실을 구경시켜 주기도 하였다. 다음 행선지는 뉴욕 소방국이었다. 뉴욕 소방관들의 반응도 좋았다. 내친김에 독일과 프랑스에서도 사업설명회를 열었다. 그렇게 세계 일주를 마치고 한 달 뒤, 미국 소방청에서 계약하자는 연락이 왔다.

"전화를 받고 실감이 나지 않았습니다. 꿈같은 일이 내게도 일어나는구나 생각이 들었지요. 선생님께서는 까다로운 미국 소방청과 계약이 이루어진다면 전 세계 시장에서 파이어지트가 히트를 칠 거라고 말씀하셨어요. 바로 비행기 표를 끊고 선생님과 함께 미국 소방청으로 갔습니다. 미국 소방청에서는 100만 달러에 계약하자고 하더라고요. 보통 계약할 때 흥정하고 한다는데 저는 무조건 'OK.' 했습니다. 아무튼 당시에는 얼떨떨했습니다."

17살에 CEO에 오른 정희윤은 해외에서 사업설명회를 열며 세계를 놀라게 했다. 그는 사람의 안전을 생각하는 아름다운 발명 아이디어 하나로 돈과 명예를 동시에 얻었다. 정희윤은 '발명을 사업과 연결해 우리나라에서 세금을 제일 많이 내는 사람이 되고 싶은 게 꿈'이라고 말했다.

제2의 정디슨 키우기

수원시 장안구에 있는 파장시장. 사람들로 북새통인 시장골목 2층에 현수막으로 된 간판이 하나 있다. 정디슨 인재개발 연구소. 정희윤이 지역의 학생들에게 전액 무료로 발명교육을 시켜주는 곳이다. 2012년 6월에 설립해 지금까지 이어오고 있다. 이곳을 거쳐간 제자들이 500명이 넘는다. 이제는 수원을 넘어 경기도 전체에 소문이 나면서 이천과 포천 등 각지에서 발명을 배우러 온다. 그럴수록 정희윤은 허리가 휜다. 한 달 운영비만 300만 원. 지금까지 7천만 원 정도가 들었다고 한다. 그의 나이 29세. 또래 친구들은 직장을 다니며 열심히 돈을 모아 결혼을 준비하는 나이다.

"제가 좀 어렵게 자랐습니다. 파장시장이 있는 이곳도 집이 부유한 친구는 없어요. 그러다 보니 교육환경이 열악합니다. 서울 강남의 아이들은 창의영재 교육을 고가의 돈을 주고 과외를 받기도 하지만 여기 친구들은 엄두도 못 내지요. 그래서 저의 재능을 이곳 아이들에게 나눠 주기로 했습니다. 처음에는 재료비 정도를 받았는데 그마저도 눈치 보며 못 내는 아이들이 있어 과감하게 전액 무료로 진행하고 있습니다. 돈 때문에 눈치 보고 미안해하는 아이들 보면 어쩔 수가 없어요."

　그는 현대판 홍길동이었다. 부자의 돈을 뺏어서 가난한 사람에게 나눠주는 홍길동. 매달 300만 원의 운영금을 마련하기 위해 강남의 학생들에게 과외를 하고 그렇게 번 돈을 이곳에 쓰고 있었다. 교육장을 둘러보니 벽면에 제자들의 발명 상장과 트로피가 빼곡하다. 정희윤은 "이곳을 거쳐 간 친구가 500명 정도이고 그중 90% 이상이 발명대회에서 입상을 합니다."라고 말해 주었다. 작년에는 초등학교 3학년 학생이 「발사 순간 물이 밑으로 빠져 물을 절약하는 물 로켓」을 발명하고 특허까지 출원하였다. 이 학생의 발명품은 현재 업체와 계약을 통해 제품으로 생산되어 판매되고 있다.

　또한 정디슨 인재개발연구소는 정부가 최고의 인재를 선정해 대통령이 직접 수여하는 「대한민국 인재상」을 5명이나 배출했다. 명실상부한 창의인재의 산실이다. 아직 '대한민국 인재상'을 5명 이상 배출한 대학교가 없는 현실에서 정희윤이 무료로 운영하는 발명교실의 성과는 기적이다. 재능 기부로 제2의 정디슨을 키워내는 기적의 발명가 정희윤. 한국에서 유일한 자원은 인적자원. 여기에 무에서 유를 창조하는 발명가를 키워내는 정디슨이 있다. 그는 우리나라를 먹여 살리는 진정한 발명왕이다.

방순극

● 주요 경력
- BS 컨설팅 대표
- 삼성 에이스디지텍 혁신팀장겸 혁신학교장
- 제일모직 과장

● 주요 활동과 수상실적
- 자랑스러운 삼성인상 수상(제안부문)
- 제일모직 제안왕 선정
- 한국 제안명인 선정
- 글로벌 생산혁신 명인 선정
- 아이디어 경영대상 제조부문 대상 등 다수 수상

● 주요 제안과 발명
- 유지보수 없이 365일 가동하는 공장 제안
- 누출방지용 레버린스 패킹을 이용한 공급장치
  피더 특허등록

1조 원의
사나이

- 방순극 -

제안제도를 제안하다

　방순극은 고등학교를 졸업하고 중소기업에 입사했다. 특유의 성실함과 작업장 개선활동으로 현장 기술자에서 관리직 계장으로 특진. 그러나 노조와의 갈등은 늘 아슬아슬한 줄타기였다. 현장에서 불필요한 시간을 줄이는 방법을 제시하면 대부분의 동료들은 어용(회사의 이익에 앞장 서는 행동)이라고 수군댔다. 그러나 현장 기술자들은 기계가 고장 나거나 품질 불량이 발생하면 제일 먼저 방순극을 찾았다. 그만이 해결할 수 있었기 때문이다. 어느 날 회사에 기계를 납품하는 P사장이 얼굴이 하얗게 질린 채 방순극에게 부탁을 했다.

　"방 계장님, 나 좀 살려줘요! B회사에 기계를 납품했는데 고장이

나서 당장 기계를 다시 가져가라는 거야. 사정사정해서 오늘까지 무조건 고쳐 놓겠다고 했는데 해결이 안 되네. 방 계장님이 좀 봐주면 안 될까요? 사람 하나 살리는 셈 치고 부탁 좀 들어줘요. 그거 해결 안 되면 10억 손실이야!"

B회사는 방순극의 경쟁업체였다. 잠시 망설이던 그는 사장의 얼굴을 다시 한 번 쳐다보고 B회사로 달려갔다. 잠시 기계를 요리조리 살피던 그는 스윽 웃음을 지어보이고 1시간 만에 해결했다. 기계의 수평장치가 고장 나 있었던 것.

그에게 P 사장은 "방 계장님은 여기 있기 아까운 사람이야. 이번에 제일모직에서 사람을 뽑던데 거기 지원 한번 해봐요."라는 의미심장한 말을 덧붙인다. 사장의 말에 손사래를 치면서도 뭘 좀 할라치면 사사건건 반대하는 노조가 눈앞에 어른거렸다. 밤새 고민을 거듭하던 그는 결국 제일모직에 입사원서를 넣고 합격 통보를 받았다.

제일모직에 입사를 하고 며칠 후 그는 동료들과 점심시간에 탁구를 치다가 배가 아파 화장실로 달려갔다. 첫 번째 화장실 문을 힘차게 열었더니 아뿔싸 비품창고였다. 다른 곳에는 모두 사람들이 있었다. 도저히 참을 수 없는 속사정에 멀리 떨어진 공장의 화장실로 냅다 뛰었다. 일을 보면서 아찔한 순간을 생각하던 그는 비품창고라는 글을 출력해 좀 전의 화장실 문에 붙여 놓았다. 간단하지만 꼭 필요한 개선. 제일모직에서의 첫 제안이었다.

제일모직은 제안제도가 체계적으로 되어 있었지만 형식적인 부분이 많았다. 방순극은 개선점이 있으면 먼저 실천하고 성과를 낸 다음 제안을 하는 편이었다. 제안을 올리는 것보다 현장에서 아이디어를 먼저 적용하여 성과를 내는 것이 우선이라고 생각했다. 그렇게 올린 제안은 다른 사람이 먼저 아이디어 제안을 한 경우가 많았다. 당연히 방순극의 제안은 중복제안으로 탈락. 아이디어만 낸 사람과 아이디어를 실험해 적용해보고 낸 사람의 차이가 없었다. 단지 누가 먼저 냈느냐의 차이가 있을 뿐.

제안제도의 모순이었다. 현장에서 적용해보지도 않은 제안들이 채택되고 있었다. 그러다 보니 굳이 현장에서 힘들게 제안을 실험하고 적용하는 사람이 적었다. 현장에 도움이 되지 않고 제안 실적만 올리는 분위기가 만연했다. 방순극은 제안제도 자체를 개선해야겠다고 마음먹었다. 제안은 아이디어만 올려서는 안 되고 현장에서 적용한 후에 성과를 근거로 올리도록 개선하자고 제안서를 올렸다. 제안제도를 바꾸자는 제안은 채택. 방순극은 입사 몇 달 만에 제일모직의 제안제도를 바꿔 버렸다.

현재 공무원 제안제도를 포함하여 대부분의 기업에서는 방순극의 제안처럼 실천을 해보고 제안을 하는 「실시제안 제도」가 실현되고 있다. 그는 실시제안 제도의 선구자다.

IMF: 무자비한 숙청에서 살아남다

IMF가 터졌다. 외환이 바닥나면서 나라가 부도났다. 회사 분위기는 더 뒤숭숭했다. 삼성그룹은 창사 이래 처음으로 계열사를 자발적으로 매각하기 시작. 방순극이 일하는 제일모직도 매각대상에 올랐다는 소식에 모두들 침울했다. 다행히 제일모직은 살생부에서 빠졌다. 그러나 이번에는 사내에서 살벌한 숙청이 시작되었다. 회사는 사전 작업으로 천 명이 넘는 사원들의 업무 성과를 1등부터 마지막까지 철저히 매겼다. 그렇게 200명이 회사를 떠났다. 떠나가는 사람도 살아남은 사람도 앞으로의 살길이 막막하기는 매한가지. 평소에 제안활동으로 업무성과가 뚜렷했던 방순극은 살아남았지만 언제 어떻게 짤릴지 모르는 판국이었다.

"정말 그때는 하루하루가 살얼음판이었어요. 회사가 팔린다는 소문이 돌고 어제까지 함께 일하던 동료가 갑자기 떠나가고……. 그러면서 회사 분위기가 급속도로 바뀌기 시작했어요. 그전까지는 제안활동 우수로 대통령 표창을 받고 와도 사장님은 관심 없었어요. 그런데 IMF가 딱 터지고 나니까 매일 현장에 직접 나와서 생산 절감을 위한 제안활동을 장려했습니다. 그리고 얼마 후에 TPM이 들어왔어요."

당시 IMF로 인해서 수많은 기업들은 구조조정의 쓰나미에 속수무책으로 쓰러졌다. 살아남은 기업들은 생존을 위해 본능적인 변화의 몸부림을 시작했다. 대부분의 기업들은 생산비용을 절감하고 경쟁력을 키우려 6시그마, TPM 등의 혁신기법을 속속 도입하고 있었다. 제일모직은 모든 직원이 참여하는 혁신적 툴로 TPM(Total Productive Maintenance, 전사적 생산 보전 운동)을 선택한다. TPM은 일본에서 시작된 혁신활동 기법으로 변화와 혁신을 통하여 지금보다 더 나은 방법으로 끊임없이 개선하는 것이다. TPM의 성공 여부는 전 직원의 제안활동 참여에서 판가름 난다. 방순극도 마음을 다시 다잡았다.

"회사가 위기에 빠지면서 회사의 소중함을 절감했어요. IMF를 통해서 저도 마음을 새롭게 다잡았지요. '이제는 내가 사장이다!'라는 생각으로 더욱더 제안활동에 매달렸습니다. 당시에는 정말 절박한 상황이었지만 사실 현장에서 회사를 위해 할 수 있는 일은 본래 업무를 빼고는 제안밖에 없어요. 회사에서 생존 전략으로 선택한 TPM 활동도 결국은 현장 제안활동이 핵심입니다."

방순극은 제안활동으로 IMF의 무자비한 살생의 현장에서 살아남았고 회사도 살아남기 위한 생존전략으로 전 직원의 제안활동을 독려하고 있었다. 죽느냐 사느냐의 기로에서 제안활동은 직원의 선택이 아니라 필수가 되었다.

내가 사장이다

한 달에 한 번씩 돌아오는 공장 유지보수의 날이다. 쉬지 않고 일하면 병이 나는 것은 기계도 마찬가지. 유지보수의 날에는 하루 동안

공장 가동을 멈추고 기계를 닦고 조이고 기름칠한다. 연간 12일 동안 공장 가동을 멈추면 350억 원의 손실이 생긴다. 그러나 어쩔 수 없다. 유지보수를 하지 않고 기계를 돌리다가는 폭발할지도 모른다. 그리고 유지보수를 하지 않는다는 생각은 누구도 해본 적이 없었다. 방순극 은 엉뚱한 생각을 한다.

"유지보수의 날이 연간 12일입니다. 350억 원이 날아가는 거지요. 아무리 생각해도 아깝더라고요. 만약 기계를 가동하면서 유지보수를 할 수 있다면 얼마나 좋을까 하는 생각이 들었습니다."

굉장히 위험한 생각이었다. 설사 논리적인 근거를 제시해 제안이 채택된다고 하더라도 기계가 고장 나거나 폭발하면 더 많은 피해가 발생하고 모든 잘못은 방순극이 책임져야 했다. 퇴사는 물론 손해배 상까지. 생각이 거기까지 미치자 이제 막 중학교에 입학한 첫째 딸이 떠올랐다. 위기였다. 위험한 기회. 잡을 것인가 말 것인가? 그때 문득 내가 만약 사장이라면 어떻게 할까라는 생각이 떠올랐다. IMF가 터 지면서 공장에서는 마른 수건도 쥐어짤 때였다.

그는 도전하기로 결심한다. 먼저 유지보수의 날에 시행하는 모든 작업들을 목록화하고 이 작업을 기계 가동 중에 할 수 있는지를 실험 했다. 가능했다. 그러나 쉼 없이 돌아가는 기계의 과부하는 어떻게 해 결할 것인가? 그는 캠코더를 사서 밤낮으로 기계를 관찰하면서 기계 의 과부하를 체크하고 고장 전에 미리 알려주는 시험장비 개발에 들어갔다. 꼬박 50일이 걸렸다. 그리고 회사에 정식으로 제안서를 올렸다. 회사는 발칵 뒤집혔다.

"공장 폭발 시킬 거냐?"
"유지보수의 날에 우리도 같이 쉬는데 우리는 언제 쉬냐?"

일단 노조에서 반발했다. 유지보수의 날이 없어지면 현장 기술자의 꿀 같은 휴식이 사라지니 당연한 결과였다. 관리자들의 반대도 심했다. 가뜩이나 구조조정이 진행되던 시기에 공장에 문제가 생기면 하루아침에 옷을 벗어야 하기에 몸을 사려야 했다. 그러나 사장만큼은 생각이 달랐다. 우선 제안자인 방순극의 파트에서 시범 적용을 해보라고 지시를 내린다. 방순극은 '내가 사장이다!'라는 마인드로 이 일을 추진했다. 역시 사장님들은 생각이 다 비슷한가 보다.

드디어 유지보수의 날이 다가왔다. 다른 파트는 모두 기계 가동을 멈추고 정비에 들어갔지만 방순극 파트의 기계들은 쉼 없이 돌아갔다. 성공 여부는 한 달을 지켜보기로 했다. 결과는 대성공. 방순극의 제안은 다른 파트에도 적용되어 여천의 제일모직 공장은 유지보수의 날 없이 365일 가동하는 공장이 되었다. 이 소식을 들은 삼성그룹에서는 이건희 회장을 대신해 비서실장이 내려와 현장을 직접 확인하고 방순극을 격려해주었다. 방순극의 제안으로 제일모직 여천공장은 연간 350억 원을 절감하고, 2015년 현재까지 5천억 원 이상의 생산증대 효과를 거두었다.

방순극은 「365일 돌아가는 공장」으로 삼성인이라면 누구나 꿈꾸는 「자랑스런 삼성인상 제안 부문」을 수상했다. 삼성 제안왕에 오른 것이다. 그리고 6개월 후에 대리 2호봉에서 과장 5호봉으로 특별승진을 했다. 그리고 6개월 후. 제일모직 사장은 2호봉을 또 특별승급 시켰다.

좌천 그리고 화려한 부활의 신화: 3년 만에 5천억을 쏘다

제일모직에는 혁신학교가 있다. 삼성의 제안왕에 오른 방순극은 혁신학교 부학교장에 임명되었고 틈틈이 강사로도 활동하였다. 여러 기업에 소문이 나면서 제안기법을 배우러 오겠다는 회사들이 줄을 서기 시작했다. 포스코는 전체 임직원 4만 명 모두가 방순극에게 제안기법을 배워갔다. 사촌이 땅을 사면 배가 아픈 법. 하물며 세렝게티의 초원처럼 살벌한 경쟁의 일터에서는 더할 터. 너무 잘나가는 방순극에게 동료들의 시기와 질투가 점점 심해졌다. 그럴수록 방순극은 말과 행동을 더욱 조심히 했다.

특히 바로 위의 상급자는 진급 추월을 당할까 봐 대놓고 방순극을 폄하하였다. 기어코 일이 벌어졌다. 회사의 지시에 의해 혁신학교 강사활동을 했는데 상급자는 업무 태만으로 사실을 왜곡해 보고를 했다. 하필 그 시기에 방순극을 지극히 아껴주던 사장이 회사를 떠나면서 진실을 바로잡아줄 사람도 없었다. 방순극은 주요 보직인 생산과장에서 정년퇴직자들이 가는 교대과장으로 좌천되었다.

"당시에는 너무 억울해 화병에 걸릴 정도였어요. 반년을 넘게 불면증에 시달렸습니다. 그렇게 회사와 동료들을 위해 진심을 다했는데 돌아온 것은 시기와 질투 그리고 좌천이었으니까요. 개인적으로 절망의 나날을 보냈습니다."

이 소식을 들은 전임 인사부장은 방순극에게 전화를 걸었다.

"방 과장, 이게 무슨 일이야? 당신이 회사를 위해 누구보다 열심히 일하는 건 하늘이 알고 땅이 아는데! 그러지 말고 오창으로 와. 사람이 마음이 편해야지. 여기 와서 혁신팀장도 좀 맡아주고."

결정은 쉽지 않았다. 방순극은 태어나고 자란 고향을 무척 사랑했다. 그리고 오창공장은 제일모직의 계열사가 아니라 자회사로 연봉이 지금보다 4천만 원이 적었다. 그러나 방순극은 오창으로 떠나기로 결심을 한다. 며칠 후 그는 제일모직 오창공장 혁신팀장 및 혁신학교장에 임명되었다. 첫 출근 날. 공장을 한 바퀴 둘러보니 흥분되었다. 곳곳에 개선과 제안거리가 보였다.

그는 생산라인부터 조정을 했다. ㄷ자의 생산라인을 ─자로 조정해 불필요한 이동시간을 줄였다. 그리고 생산직원의 동작 분석을 통해 1.5명이 필요한 자리에 2명이 일하는 것을 확인하고 그 두 개를 합쳐서 3명이 일하도록 개선했다. 그리고 제품 생산자가 완제품을 운반하는 데 드는 시간을 줄이기 위해 「공통 물류맨 제도」를 시행해 획기적인 생산량 증가를 이루었다.

　방순극은 공장 내부의 개선작업을 완료하고 생산 공정 개선에 집중을 했다. 오창공장은 TV와 노트북의 편광필름을 생산하는 곳으로 직원 수에 비해 생산성이 떨어져 적자를 내고 있었다. 그렇다고 직원들이 일을 열심히 하지 않는 것도 아니었다. 생산성 저하의 원인을 면밀히 분석한 그는 편광필름 검사 장비에 주목했다. 편광필름을 생산하고 출고검사를 하는 과정에서 필터가 제 역할을 하지 못해 이물질이 끼는 것이었다. 100개를 생산하면 23개가 불량. 장비를 납품하는 사장에게 개선을 주문했지만 "이게 최선이다. 모든 회사가 이 장비를 사용하지만 다들 그냥 쓰는데 왜 거기만 문제를 제기하냐?"라며 오히려 큰소리를 쳤다. 당장 편광필름 검사장비 개선을 위한 T/F를 조직했다.

　그로부터 20일 후. 그는 필터를 고정하는 나사를 조일 때 동일한 힘이 가해지지 않아 제대로 필터링이 되지 않는 것을 파악하고 최적의 나사 조임 규격을 개발했다. 시험결과 100개를 생산하면 99개가 정상이었다. 방순극은 팀원들과 함께 직무특허를 내고 회사에 막대한 이익을 안겨주었다. 편광필름 검사시간이 개당 3분에서 20초로 줄어들어 생산량이 획기적으로 증가했다.

　또한 납품사로부터 매일 들어오던 컴플레인이 없어지고 신뢰가 쌓이면서 계약 물량이 급증, 600억 원 정도의 매출을 올리던 공장은 방순극이 혁신팀장으로 온 후에 무려 6,000억 원의 매출을 올리는 공장으로 변신을 한다. 정부에서는 적자를 거듭하던 회사의 화려한 변신에「철탑산업훈장」을 수여했다. 사장이 대표로 훈장을 받고 사진 플래시를 받던 순간 뒤에서 박수를 힘껏 치며 울고 있던 이가 있었으니 오창공장의 책사 방순극이다. 그는 말한다.

"제안활동은 회사에서 월급 받으면서 공부하는 것입니다. 내가 사장이라는 주인의식을 갖고 현장을 바라보면 개선해야 할 사안이 눈에 보이기 시작합니다. 봉급쟁이가 아니라 내 사업을 하는 사장이라는 마인드를 가지면 '사장급 대리', '사장급 과장'이라는 말을 듣게 되지요. 그런 사람은 반드시 성공합니다."

현재 방순극은 BSC 컨설팅을 창업해 그동안의 제안노하우를 중소기업에서 컨설팅하며 제2의 방순극을 키워내고 있다.

제4장

제안왕
CEO에 오르다

배명직

● 주요 경력
  – (주)기양금속 대표이사
  – 대한민국 산업현장 교수
  – 한국예술문화명인협회 이사장
  – 도금협회 회장
  – 경기과학기술대학교 겸임교수

● 주요 활동과 수상실적
  – 대한민국 명장 선정(금속표면처리 1호)
  – 기능한국인 선정(금속표면처리 1호)
  – 금속표면처리기능장(국내 1호)
  – 도금기술경기대회 대상 2회 수상
  – 대한민국 산업포장
  – 국무총리 표창 등 다수

● 주요 제안과 발명
  – 세계 최초의 '황금칼'
  – 세계 최초의 '금속 옻칠기법'
  – 세계 최초의 '금속 옻칠 유골함'

세계 최초 황금칼을 만든
연금술사

- 배명직 -

청년 창업을 제안하다

26세. 허망했다. 4년간 청년의 펄떡이는 열정을 고스란히 쏟았던 회사가 망했다. 출근을 하니 차압 집행관들은 애인처럼 아끼던 기계에 빨간 딱지를 붙이고 있었다. 사장과 공장장은 벌써 도망을 가고 없었다. 의형제로 지내던 동생들과 울분을 삭이며 공장을 나왔다. 몇 달간 휴일도 없이 야근을 하면서도 끝내 받지 못한 월급을 생각하니 눈물이 났다. 그 돈은 가족을 먹여 살릴 밥이었다.

"당시 방황을 많이 했어요. 오로지 최고의 도금기술자로 성공하겠다는 꿈을 안고 시골에서 서울 공장으로 올라와 죽을 고생을 다했는데……. 기술이 쌓이고 자리를 잡을 만하니까 회사가 부도난 겁니다.

그때가 1월이었는데 서울이란 도시가 얼마나 춥게 느껴지던지요. 4년 전 겨울에 차비만 달랑 들고 대구에서 서울로 올라오던 그때로 되돌아가는 느낌이었습니다."

배명직은 노는 아이였다. 매일 친구들과 쌈박질을 하고 사고를 치면서 공부는 뒷전이었다. 그러나 영주종합고등학교 화공과 2학년 때 취득한 화학분석기능사 자격증이 그를 변화시켰다. 선생님의 권유로 자격증을 공부하고 합격하면서 '나도 하면 되는구나.' 하는 자신감을 얻었다. 3학년이 되고 나서 자격증을 거머쥐고 무작정 대구로 갔다. 가족을 먹여 살려야 했다. 화공과를 졸업하고 화학분석기능사 자격증이 있으니 도금공장에 쉽게 취직이 되었다. 못을 도금하는 회사에 취직했지만 3개월 만에 도망을 쳤다.

30kg의 못 바구니를 들고 도금을 위해 염산물에 담그면 앞이 보이지 않을 만큼 염산가스가 올라왔다. 염산가스 때문에 수시로 코피가 줄줄 흐르고 몸이 망가져서 서 있기조차 힘들었다. 이러다 죽겠다 싶어 못 공장을 뛰쳐나와 2년 동안 낚싯대, 피혁, 양말, 안경테, 섬유공장 등에서 안 해본 일이 없었다. 2년을 뼈 빠지게 일했지만 남은 건 작업하다 생긴 상처뿐이었다. 설상가상 군 입대 영장이 나왔다.

'내가 돈을 못 벌면 시골의 가족들은 모두 굶는데…….'라는 생각에 돌파구를 찾아야 했다. 마침 도금업계에서 가장 규모가 큰 서울 K도금회사가 병역을 대신하는 방위산업체 요원을 뽑는다는 소식을 들었다. 생각할 겨를도 없이 그날 밤 서울행 기차를 탔다. 1명을 뽑는데 무려 20명이 와 있었다. 면접장에서 무릎을 꿇고 "저 여기 취직 못하면 우리 가족 다 굶어 죽습니데이. 영주로 내려갈 차비도 없어예. 뽑아만 주시면 그 은혜 꼭 갚겠습니더!" 하고 빌었다. 간절하면 이루어지는 법. 그렇게 고교 졸업 2년 만에 제대로 된 직장에 취직을 했다.

처음에는 도금을 하고 남은 폐수를 처리하는 곳에서 일을 시작했다. 실수로 폐수를 여과 없이 흘려보내 물고기가 떼죽음을 당하는 걸 목격하고 충격을 받았다. 그때부터 공부를 시작했다. 6개월 동안 어려운 화학 이론을 독학한 결과 폐수를 검사하고 여과하는 장비를 만들었다. 공장장은 "신통방통한 놈이 들어왔네."라면서 폐수처리장에서 기술부로 옮겨 주었다. 공장에서 숙식을 하고 퇴근하면 도금에 대한 이론을 집중적으로 공부했다.

일 년 만에 표면처리 시간과 과정을 줄이는 획기적인 도금기법을 회사에 제안하여 모두를 놀라게 했다. 업무 실력을 인정받은 그는 품질관리과, 자재과, 영업과 등에 순환 보직되면서 가는 곳마다 새로운 제안을 하고 사내 제안왕으로 인정을 받았다. 이제는 회사에서 독보적인 위치에 올라 있었다. 다음 달에는 진급도 예정되어 있었다. 그런 그에게 회사 부도는 청천벽력이었다. 4년간의 모든 노력이 한순간에 사라진 상실감에 며칠 동안 술만 먹었다.

"낮이고 밤이고 방에 틀어박혀 술만 먹으니까 내 자신이 폐인처럼 느껴졌어요. 그러기를 7일 정도 하니까 술만 봐도 구역질이 났습니다. 찬물에 몸을 씻고 가만히 앉아 정신을 가다듬었어요. 제안하면서 맨날 '역발상! 역발상!' 외치던 게 문득 생각이 났습니다. 그길로 곧장 법정 관리인을 찾아가 공장 팔릴 때까지 30평만 빌려달라고 했습니다. 누가 공장 보러 오면 설명도 잘 해주겠다고 말하니까 의외로 쉽게 허락을 해주었습니다."

청년은 그렇게 역발상 제안으로 26살에 무일푼 창업을 했다. 함께 일하던 동생들을 불러 모으니 모두들 얼싸안고 좋아했다. 동생들과 뛰어다니며 기존 거래처를 설득해 다시 납품을 하기 시작. 회사에서 기술부, 자재과, 영업과에 근무하며 항상 새로운 제안을 생각했던 것이 큰 힘이 되어 주었다. 순풍에 돛 단 듯 순조롭게 회사가 운영되었다.

7억 부도로 청산가리를 구하다

때가 왔다. 기어코 공장이 팔리면서 알토란같이 일구어 오던 30평 공장을 비워 주어야 했다. 직원들 월급만 겨우 주던 배명직은 다른 곳으로 이사할 돈이 없었다. 절망의 순간에도 그는 신용을 잃지 않기 위해 거래처에 일일이 전화를 해서 눈물을 머금고 경쟁업체로 일감을 연결시켜 주었다. 그러던 중 자동차 부품을 생산하던 M 회사에서 "폐수처리장과 도금공장을 만들어 줄 테니 와라."고 했다. 세상에 공짜는 없다. M 회사가 지분의 70%를 갖고 배명직은 30%를 보유하는 조건이었다. 선택의 여지없이 그는 공장을 이전했다.

6개월이 지날 무렵 M 회사에서 보증을 요구했다. 금액은 자세히 말해주지 않았다. 꺼림칙했지만 그는 을이었다. '큰일이야 있겠나?' 싶은 마음에 도장을 찍어 주었다. 3개월 후 배명직 명의로 7억 원의 어음 결제가 들어왔다. 믿기지 않아 '일, 십, 백, 천, 만, 십만, 백만, 천만, 억' 하고 찬찬히 다시 세어 보았지만 7억에는 변함이 없었다. 다리에 힘이 풀려 그대로 주저앉았다.

며칠 후 빨간 차압딱지를 든 집행관들이 무표정한 얼굴로 들어왔다. "안돼! 안돼!"라고 외치고 싶은데 그 말이 입 밖으로 나오지 않았다. 직원들의 눈에는 눈물만 주룩주룩. 집행관들이 떠나고 직원들도 떠났다. 남은 건 혼자뿐. 그 순간 그는 자살의 유혹이 일어났다. 빨간 차압딱지를 보고 있자니 숨이 막혔다. 도저히 7억을 갚을 방법이 없었다. 청계천 약품상가에 가서 청산가리를 구해 주머니에 넣었다. 걷고 있자니 불쑥불쑥 자살의 충동이 또다시 올라왔다. 맨 정신에는 힘들 것 같아 쓴 소주를 들이켰다. 취하고 싶었지만 취해지지 않았다. 오히려 정신은 또렷해져 갔다. '자살의 용기를 다시 살아갈 힘으로 바꿔보자.'는 생각이 조금씩 들기 시작했다.

그리고 한 사람이 떠올랐다. 실직의 아픔을 위로하고 공장을 빌려준 사람. 서울 도금회사 법정관리인 어른! 지푸라기라도 잡아야 했다. 전화를 걸었다. "여보세요. 여보세요." 전화를 받았지만 도저히 말을 못 꺼내고 수화기를 내려놓았다. 조금 뒤 어른에게서 전화가 왔다. 그리고는 "날세. 이야기 들었어. 내일 맑은 정신으로 집으로 찾아오게."라고 말씀하셨다. S대 법대를 나온 어른은 "내가 좀 알아보니까 개인이 아니고 법인으로 보증을 서서 해결방법을 찾았네. 우선 이걸로 변제를 하고 법적인 문제는 내가 해결해보도록 하지."라면서 무언가를 주셨다. 그가 내민 봉투에는 1억 원짜리 수표가 들어 있었다. 그렇게 그는 죽음의 문턱에서 키다리 아저씨를 만났다.

서울보증기금에 빚을 변제하고 나오는 길. 지하철 화장실에 들렀다. 변기에 청산가리를 넣고 물을 내렸다. 그는 살았다. 그리고 밤낮없이 일해 4년 만에 빚을 다 갚았다.

대한민국 금속표면처리 1호 명장이 탄생하다

배명직의 꿈. 자신의 기술력으로 세계 최고의 명품 브랜드를 갖는 것이다. 꿈을 이루기 위해서는 기술이 필요했다. 배명직은 표면처리 이론을 배우기 위해 고등학교를 졸업한 지 15년 만에 대학교에 입학했다. 당시 인천 재능대학에는 우리나라에 하나밖에 없는 표면처리과가 있었다. 그곳에서 특수표면처리기능사와 전기도금기능사를 취득했다. 그것도 모자랐을까. 다시 한국산업기술대학교 신소재공학과에 입학을 했다. 현장과 실무에 통달하고 있으니 이론이 술술 머리에 입력되었다. 그동안 무수히 반복하던 작업들이 어떠한 이론에서 나오게 되는지 알게 되면서 공부가 그렇게 재미있을 수가 없었다.

그는 학교에서 배운 이론들을 쉽게 풀어서 회사 직원들에게 틈틈이 교육도 해 주고 새로운 기술을 개발하는 데 응용을 하였다. 그러면서 석사과정에 입학해 금속표면처리기능장 시험을 준비했다. 기능장 시험은 만만치 않았다. 두 번 떨어지고 세 번 만에 합격. 우리나라에 금속표면처리기능장이 처음으로 탄생한 순간이었다. 거기에 만족할 만도 하지만 그는 멈추지 않았다. 대한민국 명장에 도전. 드디어 「대한민국 금속 표면처리 1호 명장」이 되었다. 대한민국 명장에게는 연금형식의 지원금도 주어진다. 배명직에게는 매년 500만 원의 지원금이 나오고 올림픽에서 메달을 딴 선수들처럼 국가에서 예우를 받는다. 고등학교를 졸업하고 못을 도금하는 공장에서 시작된 상처투성이의 도금 인생에 드디어 찬란한 금빛이 아로새겨졌다.

명장! 금속에 옻칠을 하다

어느 날 명장들의 모임에서 그는 옻칠 명장의 이야기를 듣는다. "나무에 옻칠을 하면 항균작용으로 나쁜 균들이 다 없어집니다. 옻칠은 대대로 이어진 선조들의 탁월한 항균 기법이지요." 그러자 배명직은 "금속에 옻칠을 하면 어떻습니까?" 하고 물었다. 그러자 그는 "금속에는 옻칠이 되지 않아요. 나무는 옻이 스며들어 칠해지지만 금속에 옻을 칠하고 열을 가하면 금방 일어납니다."라고 대답했다. 배명직이 "제가 한번 도전해보겠습니다."라고 말하니 옻칠 명장은 "내가 옻칠 명장입니다. 몇 십 년 동안 옻칠을 해왔어요. 괜한 헛수고 하지 마세요."라고 말했다. 그는 모임을 끝내고 집이 아닌 공장으로 갔다.

옻칠과의 한판 승부를 겨루기 위해서.

시간이 지날수록 옻칠 명장의 말은 사실로 여겨졌다. 수만 번의 실험을 해봐도 금속에는 옻칠이 되지 않았다. 하지만 안 되니까 더 해보고 싶었다. 그렇게 시작된 연구는 훌쩍 2년을 넘어갔다. 그도 서서히 자신감을 잃어 갈 무렵 드디어 특수물질 표면처리기법으로 금속에 옻칠을 입히는 데 성공한다. 세계 최초의 금속 옻칠기법이 대한민국 명장 배명직의 손끝에서 탄생한 순간이었다. 그는 옻칠을 한 그릇을 한국 원적외선 응용평가원으로 보내 항균 테스트를 받았다.

떨리는 마음으로 결과보고서를 본 그는 "그래 바로 이거야!"라며 소리를 질렀다. 옻칠을 한 스테인리스 밥그릇은 완벽하게 항균작용을 해서 균을 사멸시켰기 때문이다. 그 소식은 언론을 타고 순식간에 번졌다. 현재 옻칠 반상기(격식을 갖춘 밥상 그릇) 세트는 '명장의 명품'으로 유명세를 타면서 날개 돋친 듯이 팔리고 있다. 얼마 전에는 최고급 제품만 판매되는 인천 면세점과 강남의 백화점에도 입점을 하는 쾌거를 이루었다.

보통 사람은 여기에 만족한다. 그러나 배명직은 옻칠기법을 적용할 새로운 물건을 찾다가 유골함에서 역발상을 떠올린다. 유골함은 대부분 도자기다. 시간이 지나면 유골함의 유골은 변질된다. 그러나 옻칠을 한 금속 유골함은 균의 침투를 막아서 천년만년 간다.

누구나 사랑하는 사람이 안장된 소중한 유골함과 유골이 영원하기를 바란다. 그는 현재 옻칠을 입힌 최고급 금속 유골함을 제작하고 있다. 내년 2월이면 도자기 유골함 일색이던 시장에 새로운 바람이 불 것이다. 나도 언젠가는 그 옻칠 유골함을 쓰리라. 죽어서도 영원하고 싶은 게 사람의 한결같은 마음 아닌가. 배명직 명장은 명품을 만들어 우리에게 영원을 선물하였다.

황금의 칼로 세계를 노리다

"칼로 음식을 썰다 보면 음식에 비릿한 칼 냄새가 뱁니다. 민감한 미각을 가진 분들은 항의를 하기도 하지요. 칼이 닳아서 눈에 보이지 않는 미세한 녹이 슬어 그런 것 같습니다. 마모되지 않고 녹슬지 않는 칼이 있다면 얼마나 좋을까요?"

우연한 기회에 호텔 요리사와 대화를 나누다 '마모되지 않는 칼, 녹슬지 않는 칼'이 그의 호기심을 자극했다. 그는 다음 날부터 '세계 최초로 녹슬지 않는 칼' 연구에 들어갔다. 다양한 금속의 옷을 칼에 입혀 보았다. '이번에는 되겠지.' 하고 염산이 든 물에 칼을 담가 놓으면 하루 만에 벌겋게 되었다. 그러다가 TV에서 우주선 발사 장면을 보면서 연구원의 "동체는 티타늄으로 만들었습니다."라는 말에 공장으로 바로 달려갔다.

티타늄을 칼날에 입히니 비로소 녹이 슬지 않았다. 시제품을 만들어 연구소에 보냈다. 다량의 음이온을 방출함은 물론 부식 저항이 매우 강해 녹이 슬지 않는다는 검사 결과를 받았다. 요리사에게 티타늄 칼을 써보라고 주었더니 식재료 고유의 맛이 난다는 평가를 해 주었다.

그러나 배병직은 누구나 갖고 싶어 하는 명품을 만들고 싶었다. 티타늄 칼은 기존 칼보다 기능은 좋아졌지만 구매자를 유혹하기에는 끌림이 부족하다는 생각이 들었다. 칼은 무엇보다 절삭력이 중요하다. 그런데 칼의 날은 모두가 똑같았다. 그는 여러 실험을 통해 올록볼록한 날이 음식과 도마에 손상을 거의 주지 않는다는 것을 알게 되었다. 그렇게 탄생한 것이 웨이브 칼날이다. 그리고 수작업으로 칼을 만드는 장인으로부터 칼 선물은 옛날부터 악귀를 물리치고 복을 지키라는 뜻의 매우 좋은 의미인 것을 듣게 되었다.

"예로부터 칼은 귀한 선물이었습니다. 그 칼에 티타늄을 입혔는데 외관상으로는 크게 달라 보이지 않았어요. 그래서 생각해낸 것이 순금입니다."

그는 순금을 녹여 칼에 입혀보기 시작했지만 순금의 무른 특성으로 잘 벗겨졌다. 칼로 쓰기에는 적합하지 않아 보였다. 그러나 포기하지 않았다. 2년의 시험 끝에 드디어 이온 플래팅 기법을 개발하고 순금을 입혔다. 그렇게 세계 최초로 황금칼이 탄생했다. 티타늄 위에 순금을 입히니 강도는 더욱 세졌고 부식 저항도 높아졌음은 물론 순금 고

유의 정신안정 물질이 나와 음식에 스며들었다. 인류가 구석기시대부터 사용한 칼. 배명직은 인류 최초로 부서지지 않고 녹슬지 않는 황금칼을 발명한 사람으로 기록되었다.

　황금칼의 표면은 순금의 고급스러운 색감과 질감을 그대로 갖고 있다. 누구나 한번 보면 갖고 싶어지는 칼. 배명직의 황금칼이다. 녹슬지 않는 황금칼은 시장에 내놓자마자 순식간에 팔리는 마법의 칼이 되었다. 한국기술표준원에서는 이 소식을 듣고 전 세계의 유명한 칼과 황금칼을 비교·시험하고 있다. 곧 세계인들을 놀라게 하는 발표가 있을 거라고 귀띔해주었다. 인터뷰를 하면서 황금칼에 감격한 나를 알아보고 곱게 포장한 황금칼을 내게 선물한 그는 말한다.

　"늘 새로움을 추구해 이 자리까지 올라왔습니다. 제가 세계 최초로 황금칼을 만들 줄 누가 알았겠습니까? 자체 기술이 없으면 우리보다 큰 업체에 납품만 하는 서러운 을이 되고 맙니다. 지금 우리 회사는 원천 기술을 보유해 530곳의 외주업체와 거래를 하고 있습니다. 외주업체와 우리는 규모가 비슷합니다. 오히려 우리보다 큰 회사가 더 많지요. 차이를 만들어 내는 것은 원천 기술입니다. 그것이 갑과 을의 기준이 됩니다. 저는 여기에서 만족 안합니다. 새로운 제품을 또 개발해서 우리 회사를 세계가 인정하는 히든 챔피언으로 만들 겁니다."

이상원

● 주요 경력
 – 두산중공업 상무

● 주요 활동과 수상실적
 – 국내 최초 생산직 임원
 – 국가품질명장
 – 현대의 장인 등재(중앙경제신문)
 – 터빈블레이드 50여 종 국산화 개발
 – 기계가공기능장 등 국가자격증 다수 취득
 – 전국 품질경영대회 금상 수상(대통령상)
 – 동탑산업훈장

● 주요 제안과 발명
 – 스팀 터빈블레이드 33종 국산화 개발
 – 가스 터빈블레이드 17종 국산화 개발

대한민국 최초의
생산직 임원!

- 이상원 -

신화는 없다

대기업에서 임원이 되면 기업의 별이 되었다고 흔히 말한다. 대기업에서 임원이 되는 것은 말 그대로 하늘의 별따기다. 그래서 별 계급장을 가진 장군과 대기업 임원은 동급으로 쳐준다. 그러나 세계 유수의 대기업을 많이 가진 우리나라에서 상무 이상의 대기업 임원은 무수히 많다. 그런데 우리나라에서 처음으로 '생산직 임원'이 탄생했다. 그동안 생산직 출신의 임원은 많았다. 특히 제안왕과 발명왕들은 그 능력을 인정받아 생산직에서 관리직으로 전환하여 대기업 임원을 거머쥔 주인공들이 제법 있었다. 그러나 생산직 사원이 관리직으로 전환하지 않고 곧바로 임원으로 승진한 사례는 처음이다. 그 주인공이 바로 두산중공업 상무 이상원이다. 그는 직원 130명을 책임지는 두산중공업 창원공장의 최고경영자CEO가 되었다.

두산중공업은 이제 세계에서 알아주는 회사다. 오히려 국내보다는 해외에서 더 인정을 해준다. 기술로 먹고사는 두산중공업은 생산직 사원을 최고의 기술전문가로 키워야 지속가능한 성장을 이뤄낼 수 있다고 판단하고 2011년 새로운 인사제도를 만들었다. 생산직 사원의 직위 명칭을 사무직과 동일하게 해서 그들의 위상을 높이고 사무직처럼 생산직 사원을 체계적으로 육성하기 위함이었다. 국내에서 처음 시행된 이 제도의 핵심은 '생산직 사원 성장 투 트랙Two Track' 시스템이다. 이 시스템에 따라 생산직 사원들은 '현장 매니지먼트 트랙'을 통해 현장관리자로 성장해 생산직 임원으로 승진할 수 있는 기회를 갖거나, '기술전문가 트랙'을 통해 엑스퍼트Expert를 거쳐 최고 영예인 '마이스터Meister'로 성장하게 된다. 2011년 처음 시행된 이 제도를 통해 탄생한 첫 생산직 임원이 바로 이상원이다. 그는 보통 임원이 아니다. 서류를 결재하는 임원이 아니라 기계를 만지는 생산직 임원은 아직 우리에게 낯설지만 그래서 더 주목을 받는다. 그가 생산직 임원이 된 날. 주요 신문들은 헤드라인을 이렇게 뽑았다.

'두산중공업 파격적 인사실험', '두산중공업 첫 생산직 임원 탄생'

화려한 헤드라인에 이끌리고 그가 궁금해 두산중공업에 전화를 걸었다. 몇 번의 시도 끝에 그와 통화를 하게 되었다.

"상무님. 국내 첫 생산직 임원을 축하합니다. 상무님의 이야기를 여러 사람들에게 전해주고 싶습니다."

"그건 좀 힘들겠습니다. 임원이 되면서 일이 더욱 많아져서요. 죄송합니다."

안 되면 되게 하라. 필자는 포기하지 않았다. 유비가 제갈공명을 얻기 위해 세 번이나 찾아 갔다는 '삼고초려'의 옛 이야기를 떠올리며 무려 6번의 간청을 통해 마침내 그의 생생한 삶의 이야기를 듣게 되었다. 임원이 되어서도 자신의 일보다는 회사의 일을 우선하는 그를 보면서 왜 그가 국내 첫 생산직 임원이 되었는지 자연스레 알 수 있었다.

바다 너머 미지의 세계로!

이상원이 국내 첫 생산직 임원으로 승진한 날에 울릉군청 홈페이지에는 이런 글이 올라왔다.

"우리는 전쟁의 상흔이 채 가시기 전 울릉도에서 태어났습니다. 운동장에서 교련이란 훈련을 받으며 울릉종합고등학교를 졸업했습니다. 살아보니 그것도 아닌데 이 섬만 벗어나면 꿈이 다 이루어질 줄 알고 친구들 대부분 연락선을 탔습니다. 그 시절 도시는 우리의 꿈을 이룰 수 있는 유일한 곳인 줄 알았기 때문입니다. 낯선 곳에서의 삶이란 고단하기 그지없어 의지력이 약한 사람은 고향으로 돌아왔습니다. 36년이 지난 지금 되돌아보니 수많은 성공의 씨앗들이 우리 주위에 날아다녔는데도 난 그것을 잡을 줄 몰랐지만 이 친구는 한눈팔지 않고 한 우물만 파며 노력했습니다. 내 친구 이름은 이상원입니다.'

친구들의 축하 글과 함께 울릉도에는 '이상원! 두산중공업 상무 승진'이라는 플랜카드가 걸렸다. 그날 이상원은 울릉군수에게 축전까지 받았다. 울릉도의 조그만 어촌마을에서 태어난 그는 고등학교를 졸업하고 선택의 갈림길에서 도전을 택했다. 그러나 고등학교 성적이 좋지 않았던 그가 울릉도를 떠날 때만 해도 그를 주목하는 사람은 아무도 없었다.

"당시에 저에게는 두 가지 길이 있었습니다. 하나는 울릉도에 남아 배를 타며 어부가 되는 것이었고, 두 번째는 육지로 나가 돈을 버는 것이었죠. 저는 두근대는 가슴을 부여잡고 한 번도 가본 적 없는 바다 너머의 육지로 무작정 나아갔습니다."

그러나 낯설고 물선 육지생활에 그는 금방 지쳤다. 몇 달 전부터 조금씩 모아두었던 돈도 다 떨어졌다. 다시 울릉도로 돌아갈까 싶기도 했지만 마지막이라는 심정으로 대구의 삼촌에게 도움을 청했다. 삼촌은 일 년 과정의 직업훈련소를 추천해주었다. 거기서 이상원은 처음으로 기계를 만지며 꿈을 키웠다. 성실함을 바탕으로 우수한 성적으로 졸업한 이상원은 창원에 있는 두산중공업 공장에 취직을 했다.

당신은 회사 출입금지요!

발전설비 공장의 기능공으로 평범한 생활을 하던 이상원은 어느 날 공장 게시판에서 '미국 연수자 모집'이라는 공고를 보고 가슴이 뛰었다. 울릉도를 떠나며 배를 타던 그 두근거림이었다. 당시 회사에서는 미국에서 전부 수입하던 발전소 터빈 블레이드(엔진 날개)를 국내에서 개발하고자 하였다. 그러나 기술이 없었다. 그래서 미국의 생산 공장에 연수를 보내 제작기술의 비법을 알아올 기술자를 모집하였던 것이다. 이상원은 영어를 못했지만 비장의 무기가 있었다. 피땀 흘리며 몸으로 체득한 기계에 대한 전문성은 그를 따라올 사람이 없었다. 그는 공장장을 찾아가 제안을 했다.

"공장장님! 저를 보내 주십시오. 제가 생산기술을 배워 와서 터빈 블레이드를 제 손으로 꼭 만들겠습니다. 저에게 한번 기회를 주십시오."

처음에 공장장은 영어를 잘하는 직원을 연수자로 미리 점찍어 두었지만, 이상원의 진정성은 공장장의 마음을 움직였다. 마침내 연수 대상자로 선발된 이상원은 난생 처음으로 미국행 비행기에 몸을 실었다. 비행기는 가볍게 창공을 이륙했지만 그의 마음은 무거웠다. 공장장의 말이 귓속을 계속 맴돌았다. '국산화 기술을 알기 전에는 한국에 올 생각하지 마라!' 그러나 미국 회사는 터빈 블레이드 생산 장비의 가동방법만 알려주고 제작방법은 알려주지 않았다. 그것은 미국 회사에서도 중요한 기밀이었다. 상원은 생산 장비의 가동을 배우는 척하며 옆의 라인에서 미국 기술자들이 터빈 블레이드를 어떻게 생산하는지 어깨너머로 살펴보고 있었다. 이를 눈치 챈 미국 기술자들은 몸을 돌려 상원이 볼 수 없도록 막았다. 낭패였다. 상원은 전략을 세웠다.

"그 회사는 점심시간이 좀 길었습니다. 저는 그때가 기회라고 생각했죠. 점심시간에 직원들이 자리를 비우면 직접 생산라인에 가서 터빈 블레이드 생산방법을 알아보려 했습니다. 저를 안내하는 직원이 점심을 먹으러 가자고 했지만 배가 아프다는 핑계로 공장에 홀로 남았습니다."

모두가 빠져나간 것을 확인한 상원은 터빈 블레이드 생산현장에서 수첩을 꺼내어 필요한 정보들을 적기 시작했다. 그리고 직접 제작방법을 알기 위해 장비를 가동하던 중에 꽝! 하고 큰 굉음이 들리면서 기계가 멈추었다. 터빈 블레이드를 고정하던 회전축이 풀리면서 생산장비와 크게 충돌했던 것이다. 이 소리를 듣고 미국 기술자들이 공장 안으로 뛰어 들어왔다.

"당장 우리 회사에서 나가시오. 그리고 이제 당신은 출입금지요!"

신혼의 달콤함을 뒤로하고

"그때는 정말 하늘이 무너져 내리는 심정이었습니다. 기술을 배우러 간 회사에서 출입금지를 당하고 다시 한국으로 돌아오면서 회사를 관둬야겠다고 생각을 했지요. 잔뜩 기대를 하고 있던 공장사람들 생각에 정말 괴로웠습니다."

그러나 이제 막 결혼을 하고 상원만 쳐다보고 있는 새신부를 생각해서라도 일은 그만둘 수가 없었다. 다행히 미국회사는 터빈 블레이드 생산 장비를 납품해주었다. 하지만 터빈 블레이드 제작기술이 없어 무용지물이었다. 이상원은 신혼의 달콤함을 뒤로하고 무수히 많은 밤을 세우며 기술개발에 들어갔다. 제작 프로그램 변경과 가공 방법의 수정 등 끊임없는 시도와 시행착오를 거쳐서 마침내 2년 만에 터빈 블레이드 국산화에 성공했다. 그리고 터빈 블레이드의 핵심 부품인 버켓까지 개발했다. 그가 개발한 터빈 블레이드 버켓 1개는 고급 자동차 1대 가격과 맞먹는 고부가가치를 창출했다. 원자력발전소 1호기에 약 만 개의 버켓이 소요되므로 수입대체 효과는 실로 엄청난 것이었다. 그날 이상원은 함께한 동료들과 밤이 새도록 막걸리를 마시며 울고 웃었다.

품질분임조로 위기를 돌파하라

1997년 국가 외환위기IMF가 터졌다. 연일 뉴스에서는 기업들의 부도와 인력감축 소식을 전했다. 상원의 회사도 예외는 아니었다.

"회사 구조조정으로 함께 일하는 동료들을 떠나보내야 했습니다. 그러나 슬퍼할 겨를이 없었죠. 제안을 통해 생산비 절감을 이루고 신제품을 개발해서 기업 경쟁력을 키워야 했습니다. 그래야 또다시 동료를 떠나보내는 아픔을 겪지 않으니까요."

회사에서는 품질분임조 활동을 장려했다. 그동안 이상원은 개인적으로 제안활동을 조금씩 하면서 자신만의 노하우를 쌓아가고 있었다. 그러나 이제는 함께여야 했다. IMF로 회사가 위태로웠고 쌓여만 가는 재고와 구조조정으로 떠나가는 동료들을 눈물로 보내며 이상원은 공장의 생산비용 절감과 개선을 절실히 느끼고 있었다. 그것은 생존 본능이었다.

이상원은 가장 먼저 품질분임조를 만들었다. 우선 그는 '30초 이내 물건 찾기 운동'을 제안하여 가시적으로 공장의 모습을 바꿔놓기 시작했다. 직원들이 중요하게 생각하는 공구와 부속함을 서로 개방하고 품목별로 정리하여 누구나 쉽게 찾아 사용하도록 했다. 절약된 시간은 생산력과 직결되었다. 그리고 이상원은 그동안 개선을 하려고 수많은 노력을 기울였지만 끝내 이루지 못했던 원전 터빈블레이드 핵심 부품인 '테논 가공방법 개선'을 품질분임조와 함께 해결하기로 하고 조원들에게 한번 해보자고 말을 했다. 누구 하나 반대하는 사람이 없었다. 그만큼 회사가 어려웠고 품질분임조 활동을 통해 조금씩 성과가 나고 있었기 때문에 자신감이 충만했다. 뭉치면 살고 흩어지면 죽는다는 말이 딱 맞는 시기였다. 이상원과 품질분임조원들은 현장근로자로서 회사를 살리는데 도움을 줄 수 있는 방법은 품질분임조밖에 없다고 생각했다.

그날부터 이상원과 조원들은 매일 야근을 하며 밤을 새웠다. 수시로 열리는 아이디어 회의는 서로의 의견을 비판하지 않고 긍정적으로 꽃을 피워주는 브레인스토밍 방식으로 진행했다. 봇물처럼 아이디어가 쏟아져 나왔다. 얼핏 들어보면 하찮은 아이디어 같지만 서로의 생각을 더하면서 현실성 있는 좋은 아이디어로 탈바꿈했다. 그렇게 한 달 만에 테논 가공 개선 방법을 찾아서 공정에 적용했다. 예상했던 것보다 효과는 빠르게 나타났다. 테논을 가공하는 시간이 급격히 줄어들면서 생산비용이 절감되었다. 상원은 공장의 품질분임조 대회에 출전하여 최우수상을 수상했다. 그러나 경상남도 대회에서는 기라성 같은 대기업의 품질분임조들에게 막히면서 전국대회 출전은 물거품이 되었다.

"그때는 우리가 무조건 금상을 받을 줄 알았습니다. 자신감과 사기가 하늘을 찔렀어요. 그런데 경상남도 대회에 나가보니까 자신감은 자만감임을 곧 깨달았습니다. 우리보다 훌륭한 품질분임조가 많다는 걸 절실하게 느꼈죠. 그래도 우리는 희망을 잃지는 않았습니다. 다음 대회가 또 있으니까요."

이후 이상원은 3번을 더 도전한 끝에 경상남도 대표로 전국대회에 출전하게 되었다. 그리고 기적이 일어났다. 전국 품질분임조 경진대회 첫 출전에 영예의 금상을 수상한 것이다.

"결과가 발표되고 우리 조원들 모두는 얼싸안고 눈물을 흘렸어요. 그 감격은 지금도 잊히지 않습니다. 그때 그 생각을 하면 아직도 심장이 쿵쾅쿵쾅 합니다."

품질분임조 활동을 통해 위기를 기회로 바꾼 이상원은 회사에 다양한 제안을 하기 시작했다. 그중 경쟁력을 상실한 설비의 매각과 그에 따른 공장 재배치를 제안했을 때는 직원들의 반대가 심했지만 끈질기게 설득해 변화를 이끌어내었다. 상원은 기업의 구조조정이라는 위기를 품질개선과 제안 활동의 기회로 삼았다. 이를 통해 그는 원자력발전소의 핵심인 터빈 블레이드 부품 50여 종을 국산화 개발에 성공해 2,700억 원의 수익을 회사에 안겼다. 이러한 공적을 인정받아 국가품질명장에 오르고 동탑산업 훈장을 수상하며 국내 최초로 생산직 임원으로 승진을 했다. 그는 말한다.

"위기는 곧 기회입니다. 기회를 살리기 위해서는 긍정적인 마인드가 중요하지요. 그리고 거침없이 들이대는 실천력이 필요합니다. 이후 최초, 최다, 최고 중에 하나만 이룬다면 당신은 성공한 사람으로 기억될 겁니다."

윤생진

- 주요 경력
  - 선진D&C 대표이사
  - 금호아시아나그룹 인재개발원 원장(전무)
  - 대리 6년 만에 상무특진(특진7회)
  - 금호타이어 광주공장 기능공 입사
  - 한양대학교, 아주대학교, 경찰대학교, 조선대학교 겸임교수

- 주요 활동과 수상실적
  - 대한민국 1호 제안왕(제안 18,600건 실시)
  - 국가품질명장 선정
  - 한국 신지식인 선정
  - 품질유공 은탑, 석탑 산업훈장
  - 대통령상 5회 수상

- 주요 제안과 발명
  - 타이어 기계 개선으로 생산시간 10초 단축 제안
  - 벌떼 제안제도 제안

- 저서
  - 미치게 살아라(베스트셀러) 외 4편

기능공으로
금호그룹의 별이 되다

– 윤생진 –

윤생진을 강연장에서 처음 보았다. 남도 사투리로 걸걸하고 구수하게 특강을 하는 모습이 이웃집 아저씨처럼 친근하게 다가왔다. 그는 청중을 들었다 놓았다 할 정도로 웃음과 감동을 여러 번 주었다. 일반인에게는 다소 생소한 제안을 화두로 입지전적 성공을 거둔 한 사람의 이야기에서 강물을 펄떡이며 거슬러 오르는 힘찬 연어가 생각났다. 윤생진의 성공기는 이론과 철학이 아닌 생생한 삶의 현장이었다. 그곳에서 청중들은 원초적이고 정직한 희망과 용기를 얻었다. 지방의 공장 기능공에서 아이디어 제안을 통해 7번의 특진을 거듭하며 마침내 금호그룹 전략본부 전무로 고속 승진한 윤생진. 그는 도대체 어떻게 한 번도 하기 힘든 특진을 7번이나 했을까?

꿈 깨! 생산직은 주임도 못 달아

흑산도의 가난한 어부의 아들로 태어난 그는 어린 시절, 일 년에 두 번만 고기를 먹었을 정도로 힘들게 살았고 항상 채워지지 않는 허기를 느꼈다. 고등학교를 졸업하고 별 볼일 없던 그는 곧바로 군 입대를 한다. 군대를 전역하고 어렵게 광주의 금호타이어 공장에 생산직으로 입사하면서 '반드시 회사에서 성공해 못 먹고 못 배운 한을 풀겠다.'는 강한 의지를 갖는다.

생산현장 배치 전에 인사과 대리는 "윤생진 씨의 꿈은 뭡니까?"라고 질문한다. 윤생진은 "제 꿈은 부장이 되는 겁니다."라고 자신 있게 말했다. 그 순간 인사과의 직원들이 수군대는 것이 느껴졌다. 조금 이상한 기분이 들었지만 개의치 않았다. 나중에 생산직은 관리직 부장을 할 수 없다는 것을 선배에게 듣고 가슴이 쿵 내려앉았다.

"꿈 깨! 이 공장에서 기능공 출신은 주임도 못 달아."라며 선배들의 자조적인 말을 들으며 생산직의 신분적 한계를 뼈저리게 느꼈다. 그는 입사하면서 큰 포부를 지니고 성공을 다짐했지만 신입 현장기능공의 현실은 하루하루가 고달팠다. 비상의 기회를 잡고 싶었지만 무엇을 어떻게 해야 하는지 답답하기만 한 나날이 계속되었다.

제안을 기회의 사다리로 택하다

어느 날 윤생진은 공장 게시판에 제안 상금자 명단을 보고 가슴이 뛰는 자신을 발견한다. 제안을 하면 돈도 받고 상도 받아 진급에 유리하다는 것을 알게 되었다. '바로 이거다!'라는 생각이 든 그는 그날부터 눈에 불을 켜고 제안 아이디어를 찾아보았지만 제안은 보이지 않았다. 제안은 무엇일까? 밤낮으로 고민을 해도 떠오르지 않았다. 제안에 채택된 선배들에게 물어보면 "이제 초짜가 무슨 제안을 하나? 일이나 열심히 해라."라며 핀잔을 주었다. 제안이 무엇인지 누구도 가르쳐주지 않으려 했다. 기술직들은 자기의 노하우는 되도록 비밀로 하는 습성이 있다. 자기의 강점과 노하우가 공유되는 순간 자신의 경쟁력이 사라지는 것으로 인식하기 때문이다. 특히 직장에서 제안우수자는 포상과 진급의 영예가 주어지므로 보이지 않는 치열한 경쟁을 한다.

얼마 전에 게시된 채택 제안들을 다시 꼼꼼히 보면서 평소에 불편한 점을 작업자가 간편하게 개선한 사례가 대부분인 것을 깨달았다. 이제야 어렴풋이 감이 잡혔다. 그렇게 세 달을 고민하면서 만든 첫 번째 제안은 「사무실 안내판 개선」이었다. 무질서한 안내판을 꼭 필요한 유익한 정보를 담아 보기 편하게 개선한 제안이다. 첫 제안은 낮은 등급이지만 채택이 되었고 부상으로 월급과 맞먹는 상품을 받았다. 첫 번째 제안이 채택되면서 그는 제안에 모든 것을 걸기로 다짐을 한다.

그러나 출발은 좋았지만 번번이 제안심사에서 탈락했다. 이유가 뭘까? 괴로웠다. 곰곰이 생각한 끝에 내린 결론은 제안에 대한 강력한 의지에 비하여 해당 분야에 대한 전문지식이 없었고 결정적으로 제안서 작성이 어려웠다는 것이다. 궁리 끝에 제안왕 H 선배를 찾아가 제안서 대필을 맡겨달라고 부탁을 했다. 우수한 제안을 자주 하는 선배의 제안서를 쓰다 보면 제안을 보는 안목이 생기고 노하우를 배울 수 있기 때문이었다. 선배는 부탁을 들어주었다. 그렇게 제안왕 선배의 제안서를 반년 정도 하면서 제안의 노하우를 체득했다. 그때부터 본격적으로 제안서를 내면서 서서히 채택되는 제안이 늘어나기 시작했다. 그리고 입사 1년 차에 드디어 윤생진은 제안 우수상을 타고 광주 금호공장의 유명인이 되었다.

타이어 생산 10초 단축: 단돈 12만 원으로 1,500억을 벌다

일본은 기계설비에 강하다. 윤생진이 생산직 기능공으로 일한 1980년대만 하더라도 공장의 기계설비는 거의 다 일본제품이었다. 광주의 금호타이어 공장에 설비를 납품하는 일본 회사가 고객관리 차원에서 방문했다. 윤생진은 이제 입사 3년 차로 타이어 생산공정 반장으로서 그들을 안내하면서 기계에 대한 다양한 이야기를 나누었다.

"그런데 이야기를 할수록 일본 기술자들이 나보다 모르는 게 많았습니다. 그들보다 타이어를 만드는 공정은 내가 더 잘할 수 있겠다는 자신감이 생겼어요. 무조건 일본이 우수하다고 하는데 한번 도전해서 고정관념을 깨 보자는 생각이 들었지요."

일본 기술자들과 타이어 생산기계에 대한 이야기가 깊어질수록 윤생진은 확신이 들었다. 평소에 타이어 생산시간을 줄여 생산량을 크게 늘릴 아이디어를 고민하던 그는 유심히 기계를 관찰하기 시작하였다. 그렇게 기계를 무심히 바라보던 어느 날, '그래! 타이어 생산기계의 시간을 조절하는 타이머 스위치를 개선하면 타이어를 더 빨리 만들 수 있겠구나.' 하는 생각이 들었다.

꼬박 3개월의 연구를 거쳐 생산 시간을 조절하는 스위치를 개발하고 타이어 원료를 새롭게 배합해 타이어 한 개당 생산 시간을 10초나 단축했다. 회사는 연간 2만 개의 타이어를 더 생산해 지금까지 약 1,500억 원의 돈을 더 벌게 되었다. 개선비용은 단돈 12만 원. 윤생진은 제안대회에 이것을 발표해 월급보다 많은 상금을 받고 입사 3년차에 드디어 제안왕에 올랐다.

제안, 미치도록 하고 싶다

제안 18,600건, 훈장 2회, 대통령 표창 5회, 한국 신지식인, 대한민국 1호 제안왕. 윤생진의 기록이다. 그는 미치도록 제안을 한 사람이다. 그는 '퇴근과 휴일은 쉬는 시간이 아니라 제안을 정리하는 황금의 시간이다.'라고 말한다. 제안하면 포상을 받으니 황금이 아니고 무엇이겠는가. 근무시간에 생각해 놓았던 여러 가지 제안을 퇴근 후에 집에서 제안서로 다시 정리를 한다. 그리고 제안 건수는 달력에 꼭 기록. 제안 건수가 날이 갈수록 올라가면 기분이 좋아지고 흐뭇한 기분이 들기 때문이다. 제안서를 너무 많이 작성해 손가락에 물집이 생기고 수면 부족으로 늘 몽롱하지만 제안의 성과는 모든 것을 잊게 해주는 최고의 피로회복제였다. 그의 연간 제안목표는 2천 건. 휴일을 제외하고 하루 7건을 제안했다.

그러나 그에게도 한계가 온다. 자신이 근무하는 현장에서는 제안이 더 이상 보이지 않는 거였다. 자신의 직무분야에서 매일 7건을 몇 년 동안 했으니 한계는 당연할 수밖에. 이 난관을 어떻게 돌파하지? 그는 답답한 마음에 모두가 퇴근한 공장을 거닐며 돌파구를 찾고 있었다. '그래! 내 분야가 아닌 다른 분야를 하면 될 게 아닌가?'라는 생각이 들었다.

그때 마침 다른 생산파트 앞에 있던 그는 그곳에 있는 게시판을 무심히 들여다보았다. 「H 작업은 굉장히 위험하니 조심하시오」, 「T 기계는 어디가 고장이 잦으니 주의하시오」라고 쓰여 있었다. "이거야!" 그는 자신도 모르게 큰 소리로 외쳤다. 그리고 공장 전체를 다 둘러보니 각각의 생산 파트마다 이런 주의 사항들이 모두 적혀 있었다. 불편과 주의 사항은 바로 제안과 개선으로 이어질 수 있다. 며칠에 한 번씩 공장을 둘러보면 그곳에 제안거리가 업데이트되어 떡하니 적혀 있었다. 윤생진은 더욱 바빠졌다. 아주 생소한 분야는 그곳의 사람들과 공동제안으로 하기도 하였다.

공장 사람들은 "아니, 다른 파트에서 일하는 사람이 어떻게 나보다 우리 파트를 더 잘 알지? 아무튼 대단한 사람이야!"라며 혀를 내둘렀다. 윤생진의 제안활동은 진화하고 있었다. 처음에는 자기 파트의 제안만 하다가 한계에 봉착하고 다른 파트에서 제안의 돌파구를 찾으면서 그는 어느새 공장 전체의 체계와 문제점을 파악하게 되었다. 일개 생산직 사원이 몇천 명이 일하는 공장의 시스템을 꿰뚫어 보기 시작한 것이다. 마치 산꼭대기에서 강물의 흐름을 유유히 관찰하다가 어느 순간 물고기를 낚아채는 독수리처럼. 제안으로 넓은 시야를 지니게 된 윤생진의 제안은 다른 제안자들과 차원이 달랐다. 공장 전체의 흐름을 보고 다른 부서에 미치는 영향까지 제안서에 담은 그는 독보적인 제안왕이 되었다.

제안으로 다져진 그의 승진 전략

생산직으로 입사를 하면서 그의 꿈은 늘 부장이 되는 거였다. 왠지 부장이라는 어감이 좋았고 뭔가 굉장한 일을 하는 사람일 것 같은 생각에서였다. 동료들이 "회사에서는 생산직을 관리직에 진급시키지 않아. 그래서 생산직은 주임도 못 달아."라는 말을 들을 때마다 더욱 오기가 생겼다. 드디어 입사 2년 차 진급의 기회가 찾아왔다. 입사 3년 이상이 되어야 볼 수 있는 반장시험을 과장이 평소 제안 실적이 우수한 윤생진을 지목해 기회를 주었다. 어렵게 찾아온 기회를 잡기 위해 난생 처음으로 주경야독을 하며 공부에 매진했다. 결과는 1등. 그는 입사 2년 차에 반장이 되었다. 그 기회는 제안 실적이 있어 가능했다.

입사 4년 차에 제안 성공사례 발표자로 선정되어 처음으로 회장과 수많은 임직원 앞에서 발표를 하게 되었다. 이마와 손에서 땀이 뚝뚝 떨어질 정도로 긴장하며 발표했지만 준비했던 마지막 멘트는 잊지 않았다.

"존경하는 회장님, 그리고 간부님들. 제 꿈은 금호타이어에서 부장이 되는 겁니다. 기능직 출신이지만 금호타이어 사상 최초의 부장이 될 겁니다. 그러니 많이 가르쳐 주시고 이끌어 주십시오."

순간 정적이 흘렀다. 정적을 깬 것은 회장이었다.

"윤생진 씨, 한번 열심히 해보시오."

회장은 일어나서 악수를 청하며 포옹을 해 주었다. 윤생진의 눈은 뜨거워졌다. 조직에서 제안 실적이 우수한 직원은 CEO가 관심을 가지기 마련이다. 제안 등급을 결정할 때 CEO가 결재를 하면서 제안자를 알게 되고 상을 줄 때 제안자를 다시 만나기 때문이다. 제안 채택이 이어지면 회장과의 만남은 잦아지고 자연스레 회장은 제안자에게 호감을 갖는다.

나 또한 군대 시절 수도방위사령부 말단중대에 근무했지만 나는 새도 떨어뜨린다는 수도방위사령관은 나를 알았다. 오히려 먼저 나의 이름을 불러주고 안부를 묻기도 해서 대령이었던 인사참모는 나를 따로 불러 사령관이 친척 어른이냐고 묻기도 했다. 모두 제안의 힘이다. 윤생진은 이날 아주 전략적인 제안을 했다. 제안으로 다져진 그는 전략에 강하다. 그는 공개석상에서 생산직의 관리직 진급방안을 제안한 셈이었다.

기능공에서 그룹의 별이 되다

그의 전략이 통한 걸까? 이후 윤생진은 생산직 최초로 주임과 대리로 특진을 한다. 그리고 회장은 인사부장에게 특명을 내린다.

"윤생진 씨 나이에 서울대 출신이면 지금 직급이 어떻게 되나?"

"그 나이에 제일 빠른 직원이 지금 차장입니다."

"그래, 당장 차장으로 진급시키고 전략경영본부로 발령 내!"

윤생진은 입사 때부터 자신의 증명사진에 깨알 같은 글씨로 '윤생진 부장'이라고 적어 책상에 붙여 놓았다. 말은 행동의 씨앗을 뿌리는 법. 1995년 회장의 특명으로 대리에서 두 계급 특진을 하고 타이어 생산 공장에서 금호아시아나그룹 본사 전략경영본부 차장으로 발령이 났다. 그곳은 천재들만 모인다는 인재집합소. 윤생진은 두려웠다. 그러나 고민은 잠시. 최고의 인재들과 진검 승부를 보기로 하고 마침내 서울로 상경. 그들과 어떻게 차별되게 일을 잘할 수 있을까를 고민하던 그는 그룹의 주요 계열사인 아시아나 항공에서 실패한 제안제도에 승부를 건다.

제안이 가장 많이 나올 수 있는 항공사 정비팀장들을 본사로 불러서 식사를 대접하고 제안제도와 품질관리에 대한 중요성을 장장 세 시간 동안 설득한 끝에 동기부여를 해 주고 공감대를 이끌어 내었다. 이것은 중요하다. 상급 부서에서 갑자기 아이디어 제안 몇 건을 내라고 공문을 하달하면 그 제도는 실패한다. 제안을 왜 해야 하는지 동기부여가 되지 않은 직원들은 제안을 부담스러워하고 부차적인 업무로 여긴다. 윤생진은 그룹에서 가장 제안제도가 필요한 아시아나 항공사와 현장에서 제안을 실천할 정비팀장들을 공략한 것이다.

이후 윤생진은 제안제도에 대한 교육을 세우고 품질 개선을 추진하는 모임 즉 품질분임조 활동을 강력히 추진하면서 눈에 띄는 서비스 향상과 비행기 무사고를 달성했다. 이러한 업적을 인정받아 전략경영본부로 온 지 2년 만에 또다시 부장으로 특진을 한다. 그리고 그는 제안제도를 조금 변형한 「신 품질운동」을 대대적으로 전개해 나가면서 사원들에게 말했다.

"앞으로는 기능직 사원도 얼마든지 임원이 될 수 있어요. 자기 분야에서 최고가 돼 봅시다!"

모든 계열사를 발로 뛰어다니며 제안과 혁신의 노하우를 전수하고 분위기를 이끌었다. 윤생진이 다녀간 계열사들은 불량률이 떨어지고 매출이 급상승하기 시작했다. 계열사 사장들에게 보고를 받은 회장은 윤생진을 2년 후 다시 상무로 특진을 시킨다. 꿈은 이루어진다고 했던가.

윤생진은 대리에서 상무까지 일곱 번의 특진을 거쳐 상무로 승진을 했다. 최고의 엘리트 사원이 대리에서 임원으로 승진하는 데 평균 16년이 걸리지만 윤생진은 일곱 번의 특진으로 6년 만에 이뤘다. 금호아시아나그룹에 회장 기념비는 없지만 윤생진의 기념비는 타이어 공장에 세워져 있다. 윤생진은 금호아시아나그룹의 사원뿐만 아니라 세상 사람들에게 희망의 증거가 되어 주었다. 윤생진은 미생의 삶을 사는 우리들에게 완생의 길을 명쾌하게 알려준다.

"제안은 나를 위해서 하는 겁니다. 현장에서 아주 유능한 사람이 사무직으로 변경할 때 가장 애로사항은 행정력이 뒷받침되지 않는다는 데 있습니다. 행정력을 키우는 데 제안활동만큼 더 효과적인 공부가 없습니다. 제안을 1년에 2천 건씩 제출했습니다. 나는 나를 위해 밤을 새웠기에 전혀 지치지 않았어요. 제안에 미치다 보니 고졸 생산직이 천재들만 근무한다는 대그룹 전략경영본부 전무까지 오르는 기적을 만들었습니다."

제5장

제안왕의 비밀: 제안 십계명

최초·최다·최고를 잡아라

2015년 7월. 한국프레스센터에서 대한민국 최고기록 인증식이 있었다. 그곳에서 '10초 동안 82회 박수'를 쳐서 세계 기네스에 등재된 조영춘 씨를 만났다. 무대에서 박수를 치기 시작하는 그를 보며 슬며시 웃음이 났다. 그러나 박수가 끝났을 때 필자를 포함한 청중들은 진지한 마음으로 그에게 뜨거운 박수를 보낼 수밖에 없었다. 그날 청중들은 세계에서 가장 빠르게 박수를 치는 '세계 최고수'를 만났기 때문이다. 어떤 이들은 '뭐 그런것까지 세계 기네스에 등재 하나?' 라고 생각하기도 한다. 그러나 어느 분야에서건 공식적으로 세계 최고로 인정받아 기네스에 등재 받기란 무척 어려운 일이다. 세계 기네스에 등재된 사람들은 자신이 가장 잘 할 수 있는 분야를 전략적으로 선택하여 집중한다. 피땀 어린 노력은 필수다. 이후 그들은 세계 최초·최다·최고 중 하나의 명예를 거머쥐고 어느 곳에서든 그에 합당한 대우를 받는다.

제안왕도 마찬가지다. 자신이 속한 조직에서 제안왕에 오르려면 최초·최다·최고 중 하나를 이루면 된다. 고창군의 제안왕인 김가성은 국내 최초로 보리밭에서 청보리밭 축제를 열었다. 아무도 기대하지 않았던 1회 축제에서 3천만 원의 예산으로 순수익 180억 원을 벌어 국내 최고의 축제로 만들었다. 물론 지역에서 열린 축제 중 최다 관광객이 방문했기에 가능한 일이다. 김가성은 자신이 제안한 한국 최초의 보리축제를 통해서 최초·최다·최고를 동시에 이루고 일약 전국적인 스타 공무원이 되었다. 필자는 '미아방지를 위한 아기지문등록제'를 세계 최초로 발명하여 국가에 정책제안해 채택되었다. 현재는 300만 명의 아이들이 지문을 등록해 세계 최다 지문등록 기록이 되었고, 시간이 갈수록 이 기록은 기하급수적으로 늘어가고 있다. 이 제안은 실종아동을 예방하고 찾아주는 최고의 아동안전정책으로 평가받고 있다. 김가성처럼 제안 하나로 최초·최다·최고를 이룬 것이다. 국보명장으로 불리는 김규환은 어떤가? 그는 2만4천 건의 제안으로 최다 제안자가 되어 우리나라 최초로 1호 품질명장에 올랐다. 최다가 최초를 부른 것이다. 현재 그는 우리나라를 뛰어 넘어 세계 최고의 명장으로 인정받는다. IBM 등 세계 일류 기업들이 그를 특급강사로 모시고 있는 것을 보면 알 수 있다. 그도 최초·최다·최고를 이뤘다.

이처럼 최초-최다-최고는 유기적으로 연결되어 있다. 필연적으로 최초는 최다와 최고를 부르고 뒤집어서 최다를 먼저 하든 최고를 먼저 하든지 결국은 이 세 가지가 통하게 되어있다. 그것은 제안왕들의 사례에서 증명이 된다. 온 몸에 화상의 장애를 안고 경비원으로 새 삶을 시작한 정한택은 제안을 통해서 생산직으로 전환되었다. 이후 그는 지속된 제안활동으로 한화그룹 최초로 연속 12회 특진의 최초 주인공이 되었고, 품질분임조 활동으로 무려 22회의 최다 대통령상 수상자가 되었다.

이것이 바로 제안의 비밀이고 마력이다. 제안이라는 것은 불편한 것을 개선하자고 다른 사람들에 앞서 최초로 아이디어를 내는 것이다. 즉 제안이라는 활동 자체가 최초의 활동이 된다. 최초의 활동을 자주 하면 최다가 되고 그 분야에서 최고로 인정받는다. 그리고 어느새 제안왕에 오른다.

제안왕이 되고 싶은가? 내 주변에서 사소하지만 최초가 될 만한 아이디어를 찾아보고 그것을 제안해보라. 그 최초의 제안이 당신을 최다의 제안자로 그리고 최고의 고수로 만들어 줄 것이다.

벤치마킹하라

퍼스트 무버First Mover는 시장을 선도하는 사람이다. 제일 선두에 서서 후발 주자들을 이끌어 준다. 퍼스트 무버가 되기 위해서는 빠르게 베끼고 벤치마킹하여 따라가는 사람 즉 패스트 팔로어Fast Follower 과정을 거치면서 내공을 쌓아야 한다. 패스트 팔로어 과정은 그래서 중요하다. 패스트 팔로어 과정을 거치지 않은 퍼스트 무버는 없다. 샤오미를 보라. 처음부터 대놓고 애플을 베끼겠다고 말하지 않았던가? 그게 불과 몇 년 전 일이다. 짝퉁이라고 놀림을 받던 샤오미는 13억 명의 중국과 9억 명의 인도시장에서 삼성전자를 추월했다.

삼성전자도 마찬가지다. 삼성전자도 태생이 베낌이었다. 미국, 유럽, 일본의 전자 제품과 휴대폰 기술을 베끼고 또 베꼈다. 그러나 베낌에서 끝났다면 삼성은 영원한 2인자로 있다가 도태되고 말았을 것이다. 베끼면서 장점을 내 것으로 만들고 새로운 아이디어를 창출하는 것. 그것이 벤치마킹이다. 베낌과 벤치마킹은 다른 것이다. 베낌을 넘어서 벤치마킹 단계를 거치고 있는 샤오미는 곧 독자적인 제품을 내놓으며 퍼스트 무버의 반열에 오를 것이다. 앞서간 삼성이 그랬듯이.

애플 창업자 스티브 잡스

샤오미 창업자 레이쥔

세계 최고의 발명가로 모든 사람이 인정하는 에디슨도 마찬가지다. 그의 대표적인 발명품으로 꼽히는 전구도 혼자서 발명한 것이 아니다. 에디슨에 앞서서 50년 동안 연구하고 실험한 사람들이 있었기에 가능했다. 에디슨은 기존의 전구에 관한 연구와 실험을 벤치마킹하여 그만의 새로운 전구를 만들었다. 창조의 대명사인 스티브 잡스도 벤치마킹의 달인이다. 아이폰은 그걸 증명한다. 사람들의 감성을 터치했다고 하는 터치방식도 감압식 터치방식을 적용한 PDA에서 이미 알려진 기술이었다. 하지만 스티브 잡스는 버튼을 작게 만들고 1개의 버튼만으로 조작하는 손 안의 컴퓨터를 만들어 냈다. 정확히 말하면 여러 기술을 베끼고 벤치마킹하여 새로운 스마트폰을 발명했다.

우리는 앞에서 제안왕들의 삶을 되짚어 보았다. 그들이 어느 날 갑자기 제안왕이 되었던가? 아니다. 대부분은 자신이 몸담고 있는 조직의 제안왕을 보면서 어깨너머로 배우거나 아니면 용기 있게 배움을 요청했다. 기능공에서 시작하여 제안으로 금호그룹 전무에 오른 윤생진은 제안을 자신의 무기로 삼고자 선배 제안왕을 찾아가서 제안서 대필을 자청했다. 그는 제안서 대필을 하면서 제안서 작성 노하우와 선배의 아이디어 창안 방법을 벤치마킹하였다. 그 결과 도저히 넘을 수 없는 벽으로만 보이던 그 선배를 일 년 만에 제치고 새로운 제안왕에 등극했다.

나 또한 군대를 재입대하여 온갖 서러움과 무시를 당하면서 엘리트 군인으로 변신하기 위해 제안을 선택하였다. 이미 제안왕으로 명성이 자자하던 선배의 어깨너머로 제안을 배웠다. 그 선배가 친절히 가르쳐 주었냐고? 천만의 말씀이다. 우수작으로 채택된 그의 제안서를 몰래 보면서 내 것으로 만들었다. 그리고 그의 노하우가 녹아있는 제안 양식에 내 아이디어의 핵심 키워드를 대입하며 어설프게 시작하였다. 그로부터 6개월 후에 첫 제안을 하였고 우수작으로 채택되었다. 처음이 어렵지 두 번째는 쉬웠다. 일 년 뒤에 필자는 누구도 따라올 수 없는 제안왕으로 인정을 받았다.

처음에는 베낌으로 시작해서 장점을 습득하여 어느새 독자적인 아이디어로 홀로 서는 것. 그것이 벤치마킹의 미학이다. 꼭 기억해야 할 것은 베낌으로 끝나면 안 된다는 것이다. 베낌을 통해 새로움을 창조해야 누구나 인정하는 제안왕이 될 수 있다.

김정운은 그의 저서 『에디톨로지』에서 "창조는 곧 편집이다."라고
했다. 여러 정보를 편집하는 일명 '짜깁기'를 통해 새로운 기술과 아
이디어가 탄생한다. 그것이 새로움이고 창조다. 제안서를 자주 써 본
사람은 '짜깁기' 능력이 곧 제안 능력으로 직결됨을 알고 있다. 벤치
마킹, 편집, 짜깁기를 잘 포장한 말이 융합이다.

당신이 제안왕이 되고자 한다면 우선 우수한 제안서를 보고 벤치마
킹하라. 그리고 그 제안서를 활용해 '짜깁기'를 하며 자신의 제안 아
이디어를 써 보라. 그것이 제안의 첫걸음이고 제안왕의 첫 번째 비밀
이다. 에디슨은 전구를 특허 신청하면서 첫 부분에 "나는 나 이전의
마지막 사람이 멈추고 남겨 놓은 것에서 출발한다."라고 적었다.

전략적인
메모를 하라

아주 오랫동안 정든 메모수첩을 2012년에 떠나보냈다. 일 년에 한 권씩 메모를 하면서 배를 불렸던 수첩은 서재 하단에 고이 모셨다. 12권. 나의 손때와 생각들이 무수히 적혀 있는 메모수첩. 군인으로 복무하던 시절, 군번줄은 깜빡해도 메모수첩은 항상 전투복 건빵 주머니에 넣고 다녔다. 내게는 건빵주머니가 수첩주머니였다. 아직도 예전 메모수첩을 가끔씩 뒤적이는데 그럴 때마다 깜짝 놀랄 아이디어들을 발견하곤 한다. 세상에 나오지 못한 아이디어는 100m 육상선수처럼 출발대에서 뛰쳐나올 준비를 하고 있다.

그렇게 사랑하던 메모수첩을 떠나보낸 이유는 갤럭시 노트가 나오면서다. 크기가 부담스러웠다. 하지만 메모를 자주 하는 내게 꼭 필요한 맞춤형 메모 기능이 마음을 움직였다. 컴퓨터처럼 폴더를 만들고

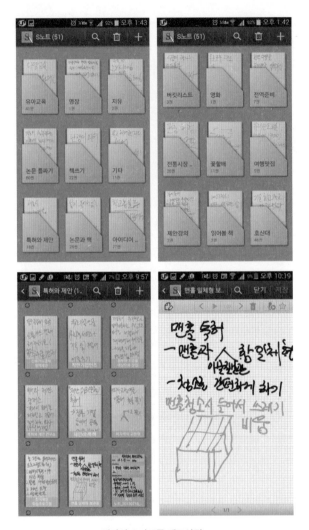

필자의 스마트폰 메모사진

성격대로 분류해 한눈에 메모 카테고리가 전개되었다. 펜으로 그림도 그릴 수 있어 제안이나 특허 아이디어를 메모하는 데 안성맞춤이다. 그동안 나의 제안서와 특허 명세서의 초안은 거의 모두 순간적으로 휘갈겨 쓴 메모에서 다듬었다. 나에게 메모는 항상 성찰과 통찰의 힘을 주었다.

다빈치의 메모노트는 600쪽 정도로 현재 영국 왕립도서관에 보관되어 있다. 1452년에 태어난 그는 메모노트에 지금과 아주 유사한 자동차, 비행기, 잠수함, 헬리콥터 등을 상상으로 메모했다. 그러나 다빈치는 상상에서 그치지 않고 상상을 실현하기 위한 구체적인 방법까지 적고 있다. 일부 과학자는 아직 실현되지 않은 다빈치의 상상을 오늘날에도 연구하고 있다. 다빈치의 노트 가치는 6조 원을 넘는다. 전문가들은 다빈치가 상상만 메모했다면 높은 가치를 받지는 못했을 거라고 말한다. 다빈치의 노트는 상상노트이면서 실현을 위한 실행노트였던 셈이다. 그가 메모를 하지 않았다면 오늘 날의 다빈치는 없었을 것이다.

세계 4대 디자인 어워드에서 그랜드슬램을 달성함은 물론 45개의 상을 받아 경이적인 기록을 세우고 있는 KAIST 배상민 교수는 "메모는 통찰력을 제공한다."라고 하며 메모예찬을 펼치고 있다.

메모 습관은 모든 제안왕의 습관이다. 제안왕과 발명왕들을 만나보면서 모두 일치하는 공통점이 메모였다. 그들은 인터뷰를 하는 도중에도 아이디어가 떠오르면 뭐에 홀린 듯이 적고 또 적었다. 정희윤은 인터뷰 도중에 갑자기 아이디어가 떠올랐다며 스마트폰을 꺼내 메모를 하였고, 마용철은 메모지를 찾다가 군밤 종이를 찢어서 뭔가를 적었다. 홍재석은 인터뷰 전부터 무언가를 적고 있었다. 제안왕들은 수시로 떠오르는 아이디어를 메모한다. 기록하지 않으면 잊어버리기 때문이다. 순간 번쩍하고 나타나는 아이디어는 번쩍하고 사라진다. 사라진 아이디어의 가치는 가끔 곤혹스럽게 나타난다. '어! 저 아이디어 내가 생각했던 건데!' 하고……

천재 물리학자 아인슈타인은 메모광이었다. 어느 날 아인슈타인과 인터뷰를 하던 기자가 집 전화번호를 물었다. 아인슈타인은 수첩을 꺼내 자신의 집 전화번호를 찾았다. 놀란 기자는 "설마 집 전화번호를 기억하지 못하는 건 아니시죠?" 하고 물었고, 아인슈타인은 이렇게 대답했다. "집 전화번호 같은 건 잘 기억을 안 합니다. 적어두면 쉽게 찾을 수 있는 걸 뭣하러 머릿속에 기억해야 합니까?" 또한 사카로 켄치는 그의 저서 『메모의 기술』에서 이렇게 말한다.

"기록하고 잊어라. 안심하고 잊을 수 있는 기쁨을 만끽하면서 항상 머리를 창의적으로 쓰는 사람이 성공한다. 그 비결은 바로 메모 습관이다. 메모를 잘하려면 항상 메모장과 필기도구를 휴대하고, 정보를 얻거나 아이디어가 떠오를 때마다 즉시 메모해야 한다. 메모도 기술이고 지적재산이다."

빅 데이터를
활용하라

손 안의 컴퓨터 '스마트폰'의 등장으로 빅 데이터Big data가 일상으로 들어왔다. 이제 빅 데이터는 기업 마케팅은 물론 정부 정책 수립에도 널리 활용되고 있다. 빅 데이터는 통상적으로 사용되는 데이터 수집·관리·처리 소프트웨어의 수용 한계를 넘어서는 크기의 데이터를 말한다(위키백과).

스마트폰으로 누구든지 빅 데이터를 활용할 수 있는 세상. 어젯밤 9시 뉴스의 기사가 다음 날 화제가 되던 시절은 옛날이야기가 되었다. 실시간 검색어 1위와 뉴스가 블랙홀처럼 모든 이슈를 빨아들인다. 발 빠른 정보력은 No! 터치패드에서 현란하게 춤추는 검지가 갑이 되었다. 적어도 빅 데이터는 보통 사람들에게 정보의 불균형을 해소하고 평등을 가져왔다. 일반인이 접근조차 할 수 없었던 민감한 군

BIG
DATA

사비밀도 구글에 가면 있는 세상. 우리는 그런 세상에 살고 있다.

빅 데이터 시대가 도래하면서 정보의 수집보다는 선택과 융합이 중요해졌다. 정보가 많다고 좋아할 일이 아니다. 정보의 홍수에는 쓰레기들이 떠다닌다. 모래 속에서 진주알을 찾아야 한다. 빅 데이터 전문가 송길영은 이렇게 말한다.

"빅 데이터는 너무 많은 것을 담고 있기 때문에 '빅 데이터를 활용하고 싶다'로는 제대로 된 목적을 달성할 수 없다. 어떤 문제를 풀 것인가가 먼저 결정되면 어느 부분의 데이터를 어떻게 분석할지가 나올수 있다. 올바른 질문이 올바른 답을 낼 수 있다. 빅 데이터 분석이라는 것은 질문을 풀기 위해 데이터를 사용하는 것이다. 데이터 분석은 정답을 찾는 것이 아니라 더 나은 답을 찾는 것이다."

그렇다. 빅 데이터를 활용해 더 나은 답을 찾는 것이 중요하다. 내가 만나 본 제안왕들은 제안을 위해 빅 데이터를 효과적으로 활용하고 있었다. 제안왕 마용철은 제안 아이디어가 떠오르면 인터넷 포털에서 핵심 키워드를 넣어 정보를 검색한다. 제안과 관련된 뉴스, 보고서, 블로그 등에서 다양한 정보를 얻어 아이디어를 풍성하고 구체적으로 꽃피운다. 그 과정에서 2% 부족했던 제안은 생생하게 살아 숨쉬게 된다.

"저도 처음에는 저의 제안이 최초이고 최고라고 생각했습니다. 그런데 제안 심사과정에서 심사위원들이 기존의 유사한 아이디어가 있다고 몇 번 지적을 해주었습니다. 제안 전문가라고 생각했었는데 부끄러웠지요. 그때부터는 제안이 떠오르면 인터넷에서 검색을 해서 중복 제안은 과감히 버리고 유사한 것은 보완을 합니다. 제안 주제를 검색어에 넣어 보면 다양한 뉴스와 보고서가 나옵니다. 신기하게도 없을 것 같은 아이디어도 다 있더라는 겁니다. 저는 공공제안을 주로 하다 보니까 국회도서관 홈페이지에서 논문까지 검색합니다. 결론 부분에서 제시된 대안들을 제안에 참고하지요."

발명왕 홍재석이 550개의 특허를 등록하는 데 특허정보검색서비스 「키프리스(www.kipris.or.kr)」가 큰 도움을 주었다고 한다. 자신이 생각한 아이디어가 이미 특허로 출원·등록되어 있는지 검색하고 유사한 특허 기술을 참고한다. 아이디어는 있지만 적용할 구체적인 기술이 떠오르지 않을 경우에도 키프리스에서 관련 기술을 검색해 힌트를 얻는다.

"특히 전문적인 기술적 제안이나 발명은 키프리스 검색이 필수입니다. 제가 수많은 특허를 내면서 깨달은 건데 완전히 새로운 것은 오히려 특허 등록이 어렵다는 겁니다. 새로운 기술은 구현하기가 굉장히 어렵고 심사관을 설득시키기가 쉽지 않습니다. 저는 기존에 나와 있는 여러 기술을 합쳐서 나만의 제안과 발명으로 새롭게 만드는 게 중요하다고 봐요"

키프리스에는 특허를 구현해 내는 기술과 아이디어가 모두 공개되어 있다. 얼마 전 필자는 편백나무를 이용한 아이디어 상품이 떠올라 키프리스에서 '편백'을 검색하니 1,137건의 특허가 나왔다. 1,137개의 특허를 분석하는 과정에서 편백나무의 또 다른 활용가치를 발견하고 아이디어를 한층 더 탄탄하게 구체화시킬 수 있었다. 그 아이디어는 현재 특허출원을 준비 중에 있다. 제안왕들은 정보를 검색하고 융합하여 새로운 제안과 발명으로 탄생시키는 데 능하다. 그 원천은 빅 데이터다. 제안왕이 되고 싶은가? 상상을 실현시켜 주는 보물들이 있는 곳인 빅 데이터 보물섬으로 떠나라.

실패에서
배워라

누구일까?

1816년 가족이 집을 잃고 길거리로 쫓겨나다

1818년 어머니 사망

1831년 사업에 실패

1832년 주 의회 낙선

1833년 친구에게 빌린 돈으로 사업을 시작해 파산

1834년 약혼자 사망

1836년 신경쇠약증 병원 6개월 입원

1840년 부통령 선거위원 출마 패배

1843년 미국 하원의원 선거 출마 패배

1848년 미국 하원의원 재선거 출마 패배

1854년 미국 상원의원 선거 출마 패배
1858년 미국 상원의원에 또다시 출마패배
1860년 미국 대통령에 당선!

미국의 16대 대통령 에이브러햄 링컨Abraham Lincoln이다. 무수한 실패가 있었지만 결코 포기하지 않고 꿈을 이룬 사람. 그는 실패에서 배우고 중단하지 않았기 때문에 미국 역사상 가장 위대한 대통령이 되었다. 그는 이렇게 말했다.

"내가 걷는 길은 험하고 미끄러웠다.
그래서 나는 자꾸만 미끄러져 길바닥에 넘어지곤 했다.
그러나 나는 곧 기운을 차리고 내 자신에게 말했다.
괜찮아. 길이 약간 미끄럽긴 해도 낭떠러지는 아니야."

우리나라 국보 명장으로 불리는 김규환도 무수히 많은 실패를 겪은 사람이다. 운전면허 필기 시험 9번 불합격, 기능사 시험 9번 불합격! 그는 남들보다 느리지만 포기하지 않고 끝까지 도전했다. 그의 주특기는 매일 조금씩 끈질기게 하는 거다. 초등학교도 나오지 않은 그가 5개 국어를 하는 이유다. 어느 날 그는 일본에서 전량 수입하던 「롱스크류 가공기」를 국산화하기 위해 개발을 시도하지만 하나를 해결하면 또 다른 장애물이 나타나 괴로움의 나날을 보냈다. 오죽했으면 점쟁이한테 찾아가 국산화가 가능한지를 물었겠는가? 그의 저서에서는 당시의 심정을 이렇게 밝히고 있다.

"곧 해결될 듯한 것이 1주일이 지나고 2주일이 지나도 진전이 없자 가슴이 타들어갔다. 또다시 어려움이 시작되려나 속이 바짝바짝 타들어가는 노심초사 바로 그 자체였다. 우리는 자국이 생기는 베어링 외경에 고무를 끼워 봤다. 그랬더니 날카로운 나사 때문에 고무가 금세 파손되었고 알루미늄 링을 끼웠더니 그것도 금방 뭉그러져 버렸다. 이 일을 어쩌면 좋단 말인가……."

그러나 김규환은 좌절할지언정 포기하지는 않았다. 실패의 원인을 곱씹으며 늦었지만 천천히 하나씩 해결하였다. 그 결과 세계 최고로 인정받는 일본 제품보다 성능 면에서 월등히 뛰어난 '롱 스크류 가공기' 개발에 성공하게 된다. 그는 이렇게 말한다.

"수많은 실패와 좌절이 있었지요. 하지만 실패는 성공으로 가는 과정이라고 생각해 포기하지 않았습니다. 반드시 된다고 생각하면서 방법을 찾으니까 시간이 좀 걸렸을 뿐이지 모든 일이 제 뜻대로 이루어졌습니다. 실패를 감수하고 도전하는 경험은 결국 나를 더욱 강하게 만들었습니다."

한국예술종합학교의 김남윤 교수는 40년 동안 대학교에서 바이올리니스트를 키워왔다. 그는 매섭게 제자들을 대하지만 그 과정을 이겨낸 제자들은 모두 세계적으로 인정받는 바이올리스트가 되었다. 이제 사람들은 김남윤 교수는 몰라도 그의 제자들은 다 안다. 그가 성공한 바이올리스트의 비결을 들려주었다.

"나한테 욕 안 먹은 학생은 없어요. 연습을 안 하면 레슨실 밖으로 쫓아냅니다. 대부분 복도에서 울다가 집에 가지요. 바로 이때 잘하거나 못하는 아이가 갈립니다. 꿋꿋이 받아넘기고 포기하지 않는 학생들은 다음 주에 확실히 나아져 돌아오지요. 클라라 주미 강과 신지아가 대표적으로 그런 아이였습니다." (중앙일보, 2014. 11. 13.)

실패를 경험하지 않고 성공한 사람은 없다. 실패는 결과가 아니라 성공으로 가기 위한 과정이다. 과정을 거치지 않은 결과는 바람 앞에 등불이다. 언제 꺼질지 모른다. 그리고 쉽게 얻은 성공은 언제 달아날지 몰라 불안하다. 제안에 실패한 경험이 우수한 제안의 디딤돌이 된다. 제안의 횟수가 거듭될수록 실패의 경험은 쌓이고 어느새 당신은 성공의 달콤함을 맛보게 된다. 그리고 혹독한 실패 과정에서의 성찰은 성공의 통찰력을 선물한다. 내가 만나 본 제안왕들의 한결같은 공통점이었다.

CEO처럼
생각하라

CEO에게는 책사가 있다. 책사는 조직의 지속가능성에 대하여 고민하고 방향을 제시한다. 책사는 보이지 않는 곳에서 조직을 움직인다. 유비의 제갈공명처럼 대기업에서 CEO의 책사들은 임원급이고, 중소기업에서도 높은 직위에 있는 사람들이다. 이들은 다양한 경험과 기발한 발상으로 CEO를 이끈다. 일반 사원은 책사가 될 수 없다. 그들의 능력이 아무리 뛰어나더라도 CEO와 만날 기회가 거의 없기 때문이다.

그러나 딱 한 가지 방법이 있다. 제안왕이 되는 것. 공식적인 책사들은 거의 매일 CEO와 독대하며 조직의 방향을 제시하지만, 제안왕은 제안서로 책사의 역할을 한다. CEO 입장에서는 누가 더 고마울까? 당연히 제안왕이다. 공식적인 책사는 그게 원래 임무다. 그러나 제안왕은 자신의 일을 하면서 책사의 역할까지 하니 더 고마울 수밖에. CEO들이 제안왕을 좋아하는 이유다.

금호아시아나그룹의 CEO는 기능공을 전략기획실의 차장으로 앉혔다. 그가 바로 윤생진. 그는 금호아시아나그룹의 본사 직원도 아니었고, 계열사의 하나인 금호타이어 광주공장의 기능공이었다. 그를 최고 인재들이 근무하는 그룹 본사의 전략기획실로 부른 것은 무슨 이유일까? 그는 비록 기능공으로 근무하고 있었지만 제안을 통해서 이미 비공식적인 책사의 역할을 하고 있었다. 제안이란 기본적으로 새로운 안을 제시하는 거다. 책사의 임무도 남들이 생각하지 못하는 획기적인 새로운 안을 CEO에게 제시하는 것이다.

그런 측면에서 보면 윤생진은 공장에서 새로운 제안을 제시해 보면서 책사가 되기 위한 연습을 끊임없이 하고 있었다고 할 수 있다. 그 점을 CEO는 높이 샀다고 한다. 윤생진은 처음에 전략기획실의 차장으로 들어갔지만 그곳에서도 역시 발군의 제안 능력을 발휘해 전략기획실의 전무가 되었다. 기능공 출신 제안왕이 금호아시아나그룹의 공식적인 책사가 된 것이다.

제안왕들의 시야는 넓고 조직 전체를 본다. 그들이 처음부터 그랬던 것은 아니다. 제안 심사에서 무수히 떨어지고 실패하면서 터득한 소중한 자산이다. 조직에서의 제안은 자신의 제안으로 영향을 받는 다른 파트나 부서를 생각해야 한다. 자신의 부서에서는 좋은 제안이지만 다른 부서에서는 일 떠넘기기로 불만이 될 수 있다. 이런 제안은 안 된다.

제안에 채택되려면 네 가지를 갖추어야 한다. 첫째는 자신의 제안으로 조직의 비용이 절감되어야 한다. 둘째는 제안이 특허 또는 사업으로 연결되어 조직에 새로운 이윤을 창출해야 한다. 셋째는 일하는 시간을 줄여야 한다. 넷째는 직원들이 편해져야 한다. 이 네 가지를 충족하면 그 제안은 우수하게 평가받을 수 있다.

그러나 비용은 절감되는데 작업 시간이 오래 걸린다든지 하면 평가자의 반대에 부딪힌다. 그런 제안은 좋은 제안이 아니다. 조직의 제안 왕들은 초기에 불완전한 제안으로 욕먹고, 떨어지고, 좌절하면서 제안을 배웠다. 그들은 경험으로 안다. 어떤 제안은 되고, 어떤 제안은 안 되는지를. 이제 그들은 되는 제안만 한다. 그들 스스로가 CEO의 마음으로 생각하고 제안을 하니 CEO가 채택할 수밖에 없다. 고졸 생산직 사원에서 국내 첫 생산직 임원이 된 이상원은 말한다.

"내가 CEO다 생각하고 제안 아이디어를 분석해 봐야 합니다. 가령 제안으로 일하는 시간은 줄지만 생산비용이 는다면 어느 누가 제안을 채택해 주겠습니까? 시야를 넓혀서 전체를 보면서 제안을 해야 합니다. 그런 제안은 반드시 채택됩니다."

조직에서 책사가 되고 싶은가? 그렇다면 CEO처럼 생각하고 제안을 하라. 제안은 그 아이디어와 연관되고 파생되는 부분까지 넓게 검토해야 하고, 디테일한 실천방안을 담아야 한다. 당신은 제안을 통해 산 정상에서 조직 전체를 조망하는 통찰력과 강물의 물고기까지 디테일하게 포착해 내는 독수리의 눈을 가질 것이다. 제안왕들이 조직의 책사가 되는 이유다.

제안서를
리드하라

　제안의 완성은 제안서다. 획기적인 아이디어도 제안서 안에 글로 담아내지 못하면 떨어진다. 제안을 하면서 그런 사례를 무수히 경험했다. 대부분의 사람들이 제안서를 쓰다가 포기하고 만다. 제안서의 스킬을 모르기 때문이다. 제안의 노하우를 모르고 쓰는 제안서를 보면 이기적이다. 자신의 주장만 강조하거나 논리가 불명확하다. 제안은 자신의 아이디어를 글로 써서 상대방을 설득하는 작업이다. 그래서 글을 읽는 사람을 편하게 해야 한다. 쉽고 간결하면서도 논리적으로 써야 한다. 어렵다.

　그러나 제안왕도 처음부터 제안서를 잘 쓰지는 않았다. 제안왕들의 인터뷰 결과 그들도 선배들의 우수한 제안서를 많이 읽어 보고 벤치마킹했다. 필자도 그랬다. 논문을 쓰기 위해 좋은 논문을 많이 보듯이, 제안서를 쓰려면 우수한 제안서를 다독해야 한다. 그러면 공통적인 제안서의 구성과 논리들이 보이기 시작한다. 그중에서 자신이 하고자 하는 제안과 가장 유사한 제안서를 골라서 표본으로 삼아 글 쓰는 작업을 시작한다. 제안서에서 단어들을 하나씩 제거해 가면서 자신의 제안을 써본다.

제안서는 크게 세 가지로 구성이 된다. 현재 문제점, 개선방안, 기대효과다. 우수하게 평가받은 제안서들은 이 세 가지의 구성이 물 흐르듯이 자연스럽다. 현재의 문제점에는 제안의 필요성과 목적을 분명히 밝혀야 한다. 두루뭉술하게 표현하면 안 되고 구체적으로 써야 한다. 한 문장을 길게 쓰지 말고 짧게 끊어서 읽는 사람이 이해하기 쉽도록 두세 문장으로 나눠 쓴다. 개선방안은 제안서의 핵심이다. 앞서 언급한 현재의 문제점을 어떤 방법으로 개선할 것인지에 대해 실천적 방법을 제시한다.

특히 이 부분에서는 논리적인 데이터가 들어가면 신뢰성과 설득력이 높아진다. 개선 전과 후의 결과를 사진, 그래프로 넣어서 한눈에 파악되도록 하면 좋다. 개선방안은 되도록 1안과 2안으로 구분해서 서로의 장단점을 짧게 분석한다. 여지를 남기는 것이다. 제안자는 1안을 추천했지만, 심사위원들은 2안을 우수하게 볼 수도 있어 채택의 확률을 높인다. 또한 제안을 평가하는 심사위원들에게 여러 각도로 검토했다는 좋은 이미지를 남기게 된다.

제안을 평가하는 가장 큰 요소는 기대효과다. 제안으로 어떠한 성과가 나는지가 가장 중요하기 때문이다. 따라서 기대효과는 성과가 구체적으로 측정되어 쓰이면 좋다. 기업의 제안은 대체적으로 비용절감, 이윤 창출, 시간 절약, 고객 만족 등의 요소가 골고루 고려되면 좋다. 공공제안은 불편 감소, 예산 절감, 행정력 낭비를 줄이는 방향이면 된다. 제안서를 다 쓰고 나면 현재 문제점, 개선방안, 기대효과가 자연스럽게 이어지는지 재검토하는 퇴고의 과정을 거친다.

제안왕들이 말하는 좋은 제안서의 비결은 다작이다. 그들에게 특별한 비결을 기대했지만 한결같이 많이 써보는 것이라고 했다. 처음의 제안서는 어설프지만 쓰다 보면 느는 것이다. 실패를 많이 하면 할수록 제안서의 노하우가 쌓인다. 2014년 베를린 국제영화제 감독상을 받은 리처드 링클레이터 감독(54)은 여섯 살 소년이 열여덟 살이 되기까지의 12년 세월을 촬영해 영화로 만들었다. 그는 12년 촬영의 고충을 담담히 이야기한다.

"촬영 첫해와 이듬해, 정말 고민이 많았다. 끝이 아득해 보였고 모든 게 모호했다. 절반 정도 찍고부터 편해졌다. 갈수록 탄력이 붙는 느낌이었다. 영화 자체가 생명력을 갖고 스스로 자라는 기분이 들었다."

리처드 링클레이터 감독이 상을 받은 이유는 일상의 꾸준함이다. 처음 제안서를 쓸 때가 생각난다. 선배의 제안서를 보니 도저히 쓸 엄두가 나지 않아 보름을 책상 서랍에 묵혀 두었다. 고민 끝에 쓰기 시작한 제안서는 하루 만에 다 작성되었다. 처음 써 본 느낌은 '생각보다 별거 아니네.'였다. 그렇게 시작한 제안서 작성은 링크 클레이터 감독처럼 갈수록 탄력이 붙고 스스로 성장해 갔다. 당신도 무심코 지나치는 불편한 일상을 제안서로 조금씩 바꾸어 나가다 보면 여섯 살 소년이 언젠가는 18살의 성인이 되듯이 어느새 제안서로 조직을 리드하는 자신을 발견할 것이다.

생각하면 행동으로!
지금 당장!

품질분임조와 유사한 「창의혁신동아리」를 2006년에 야심차게 만들었다. 모여서 군대 장비와 물자의 개선점에 대해 공부하고 제안하는 학습동아리였다. 선배 C가 회장을 맡고 내가 부회장이었다. 회원은 달랑 두 명. 회장과 부회장뿐이었다. 나중에 후배들과 병사들에게 물어보니 '제안은 어렵고 재미가 없다.'고 생각했단다.

그래서 회원을 늘리기 위해 제안활동과 함께 자기계발을 도왔다. 그랬더니 회원이 점차적으로 늘었다. 동아리는 주로 점심시간과 주말을 이용해 하나의 군대 물자를 가져다 놓고 '벌떼 제안'을 했다. 오늘은 방독면을 가져와 아이디어를 발굴하고 내일은 소총을 가져와 하는 식이었다. A가 불편한 점을 이야기하면 B는 개선점을 말하고 C는 개선점을 보완하는 아이디어를 내는 등 즉석에서 기발한 제안이 나왔다. '벌떼제안'을 1시간 정도 하면 수많은 아이디어가 쏟아졌다.

제안과 발명에 관심조차 없었던 초급 간부와 병사들은 여러 발명대회에서 상을 휩쓸기 시작했다. 인기가 없던 동아리는 '회원들이 제안 활동과 발명으로 상장을 받고 포상휴가'를 가기 시작하면서 60명까지 늘었다. 군대 특성상 별도의 동아리방이 없어서 나중에는 연병장 벤치에서 하기도 했다. 회원이 늘다 보니 자연스럽게 열성적인 회원과 보통 회원으로 갈렸다. 처음에는 두뇌의 차이인 줄 알았다. 시간이 흐르고 동아리 2년 차에 깨달았다. 그것은 바로 말로만 하는 사람과 직접 아이디어를 실천해보는 사람의 차이. 그게 다였다.

내가 아끼던 후배 H와 K 중사는 머리가 똑똑하고 이해가 빨랐다. 그런데 딱 거기까지였다. 문제 해결에 대한 탁월한 아이디어는 있지만 실현을 위한 제안서를 쓰지 않았다. 답답한 마음에 제안서를 쓰고 공동 제안자로 이름을 올려 주기도 했다. 그러나 그것도 한두 번이지 매번 그렇게 할 수는 없었다. 이유를 물어보았다.

"아이디어를 내는 건 말로 하는 거니까 괜찮은데 막상 그걸 제안서로 옮기려니 귀찮기도 하고 안 될 것 같기도 하고……. 저도 '해야지.' 하는데 잘 안 됩니다."

그들의 문제는 두 가지. 귀찮음과 안 될 거라는 마음의 벽. 실천으로 그 벽을 뛰어넘어야 하는데 동아리의 70% 이상의 회원들은 넘지 못했다. 심지어는 "내 제안서는 언제 써줍니까?" 하며 노골적으로 요청을 하는 용감한 용사도 있었다. 동아리 운영으로 이런저런 고민을 하고 있을 때 수송부의 김 하사가 찾아왔다. 약간 어눌한 면이 있어 평소에 답답해 보이던 후배였다.

"충성! 수송부 하사 김성호입니다. 동아리 회원으로 받아 주시면 열심히 하겠습니다."

우리 동아리는 가는 사람 붙잡지 않고 오는 사람 막지 않았다. 당연히 받아 줬다. 그런데 이 녀석, 그때부터 나를 엄청 괴롭힌다. 말도 안 되는 아이디어를 가져와서 "김 중사님! 이거 어떻습니까?", "김 중사님! 전에 안 된다고 해서 이렇게 바꿔 봤는데 괜찮습니까?" 하도 귀찮게 해서 벗어나고 싶은 마음에 하루 날 잡아서 아예 제안과 발명에 대해 특강을 해줬다. 김 하사는 연신 고개를 끄덕끄덕. 그게 기특해 보여서 내 제안서와 특허명세서를 참고하라고 주었다.

다음날 눈이 벌겋게 충혈되어 나타나기에 '자식, 어제 술 한잔했나?' 하고 속으로 생각했다. 웬걸, 제안서를 하루 만에 작성해서 검토해 달라는 게 아닌가. 역시 제안서는 엉망이었다. 맞춤법이 틀린 게 많아 짜증이 났다. 그래서 보완사항을 알려주고 다시 작성하라고 했다. 그 과정만 13번을 거쳤다. 그만하면 됐다 싶어서 1분기 군사 제안 심사에 제출을 했다. 심사 결과는 우수상. 동아리 선배들이 깜짝 놀랐다. 자기들도 아직 타지 못한 우수상을 한 번에 탔으니. 그날 김 하사는 동아리 회원들에게 피자를 돌렸다. 병사들은 "김 하사님! 비결 좀 알려 주십시오."라고 했다. 김 하사는 부끄러운지 얼굴이 달아오르며 한마디 했다.

"아니, 뭐 별 건 아니고 김 중사님 제안서 보면서 무작정 썼어. 그렇게 쓰다가 틀리면 고치고 그러다 보니까 되던데? 너희들도 뜸만 들이지 말고 무조건 써봐. 쓰다 보니까 되더라."

김 하사가 처음 제안서를 가져왔을 때 많은 의문이 있었다. 인터넷에서 쓰는 용어를 제안서에 그대로 쓰고 맞춤법도 맞지 않았다. 그러나 경험도 많고 똑똑한 선배 H와 K 중사에게는 없는 실천력이 있었다. 그는 실천을 통해 의문을 감탄으로 바꾸었다. 틀려도 계속해 보는 실천력. 그러면서 김 하사는 제안서를 만들어 나갔다. 이후 그는 특허를 두 개나 등록해 동아리의 에이스로 변신했다. 남들이 말만 할 때 그는 제안서를 쓰고 또 썼다. 조금 부족하고 느려도 결국 아이디어를 실천으로 옮기는 사람이 제안왕이 된다. 실천력은 기발한 아이디어보다 우선한다.

무리한 사업 확장으로 20억 원의 빚을 감당 못하고 사무실 창문에 올라 선 40대 남성. 뛰어내리려는 찰나에 빚 독촉 전화가 왔다. 그는 "자살하려고 9층에서 뛰어내리려고 하니까 더 이상 전화하지 마세요."라고 했다. 상대방은 매몰차게 말했다. "유서에 나한테 전화 왔다고는 쓰지 마시오." 화가 머리끝까지 나면서 오기가 생긴 그는 '다시

한 번 해보자.'는 심정으로 아내의 반지를 팔아 건강식품 사업을 시작했다. 천호식품 김영식 회장의 이야기다. 죽음의 문턱까지 다다른 그를 살린 주문이 명함에 적혀 있다.

'생각하면 행동으로! 지금! 당장! 즉시!'

특허로
출원하라

사람들은 시간이 지나면서 과정은 잊고 결과만 기억한다. 우리는 세계 최초로 전화기를 발명한 사람을 '벨'로 기억한다. 그러나 '벨'보다 먼저 전화기를 발명한 사람은 '일라이셔 그레이'다. 하지만 '벨'이 발 빠르게 먼저 특허를 내면서 전화기는 영원히 '벨'의 발명품이 되었다. 그런 측면에서 보면 제안도 하나의 과정일 수 있다. 제안이 채택되는 순간 소유는 조직의 것이 돼 버린다.

제안을 자주 하다 보면 감이 올 때가 있다. 돈으로 연결되는 제안 말이다. 특허는 물건을 만들고 개발하는 기술 분야에 국한된 것이 아니다. 시스템을 개발하는 것이나 비즈니스 모델도 특허로 등록된다. 그리고 특허는 아이디어만으로 내는 것이지 직접 물건을 만들거나 모델을 만드는 게 아니다. 그래서 특허가 쉬운 것이다. 따라서 상품성이

있고 돈과 연결되는 제안은 제안에서 그치지 말고 특허를 출원해 등
록해야 한다.

현대자동차는 직원들의 우수한 제안을 특허로 출원하도록 지원해
주고 특허 수익을 평가해 제안자에게 최대 10억 원을 보상하는 직무
발명제도를 운용하고 있다. LG전자의 전병문 연구원은 70여 건의 직
무특허를 출원하였고, 최근에는 동영상 압축 기술「비디오 코덱」을
개발해 인센티브로 1억 원을 받았다. 자신의 연봉보다 많은 돈을 직
무특허출원 하나로 받은 것이다. 또한 한국전자통신연구원은 연구원
들에게 최근 3년 간 직무특허 보상으로 약 400억 원을 지급했고, 핸
드폰 전력 소모를 줄이는 특허를 등록한 H 연구원은 4억 원을 보상받
았다.

반면에 삼성에서 천지인 문자 입력 방식과 UHD TV를 개발한 직
원들의 사례는 조금 다르지만 특허가 왜 중요한지 알 수 있다. 천지인
방식으로 삼성은 천억 원 이상의 이익을 거두었지만 연구원에게는 21
만 원을 보상했다. 특허를 내지 않고 제안과 개발에 그쳤다면 보상받
기는 쉽지 않았을 것이다. 최근 법원의 판례를 보면 제안자와 발명자
에게 5~10%의 공로를 인정해 보상하게 하고 있다. 보상의 근거는 물
론 특허다.

그렇다고 제안을 하지 말라는 이야기가 아니다. 제안과 특허출원
을 동시에 추진하라는 말이다. 그래야 제안 채택의 효과도 누리고 특

허가 출원되어서 지속적인 부를 창출할 수 있다. 이거야말로 도랑 치고 가재 잡는 일석이조. 최고의 제안은 특허로 연결되는 제안이다. 조직에 소속된 직원으로 특허를 내면 본인은 발명자가 되고 권리자는 조직이 된다. 이것을 '직무발명'이라고 한다. 권리자가 조직이 된다고 해서 발명자에게 이득이 없는 것이 아니다. 발명자는 직무에 관련된 제안과 발명을 특허로 등록하면 향후 발생하는 이득을 직무발명법에 의해 보장받는다.

직무발명을 특허로 여러 번 연결한 경험이 있는 필자는 개인특허보다 오히려 직무특허를 권한다. 개인이 특허를 내기 위해서는 등록까지 비용이 300만 원 이상이 소요된다. 또한 특허가 등록되면 권리를 인정받는 20년 동안 특허청에 매년 관리비를 지불해야 한다. 그리고 특허를 팔기 위해 개인이 영업활동을 해야 하는데 쉽지 않다. 그러나 직무특허를 내면 회사에서 특허비용과 관리비를 지불한다.

또한 직무와 연관된 특허니까 바로 현장에 적용이 되어서 즉각적으로 수입이 발생한다. 수출까지 된다면 더 큰 부를 안겨 줄 것이다. 공무원이 직무특허를 등록하면 '국유특허'라고 하는데 적잖은 등록 보상금도 나온다. 특허는 조직과 개인 모두에게 부를 가져다주는 상생의 마술이다.

제안왕들을 만나 보면 자신이 개발하고 제안한 기술이 지금은 널리 알려져 당시에 특허로 등록하지 않아 후회하는 경우를 자주 볼 수 있었다. 제안을 직무특허로 등록했다면 그런 아쉬움과 후회는 없었을 것이고 지속적으로 조직으로부터 보상을 받았을 것이다. 이것이 명예와 부를 부르는 제안을 특허로 등록해야 하는 이유다.

평생학습을
하라

호모 런쿠스Homo Learncus는 '평생학습 하는 인간'을 말한다. 필자가 평생학습 학문을 연구하면서 처음 제시한 이론적 개념이다. 행정자치부 주민등록에 등록된 100세 이상 인구는 2014년 8월 기준으로 14,672명이다. 100세 인생을 살기 위해서는 여러 번의 직업 변경이 필요해 지속적으로 새로운 지식을 배워야 한다. 이에 따라 인간들은 평생학습 하는 인간으로 자연스럽게 진화할 수밖에 없다. 나보다 앞서 비슷한 개념을 만든 『호모 에루디티오』의 저자 연세대학교 한준상 교수는 다음과 같이 말한다.

"인간은 배우는 동물이다. 그런 동물을 호모 에루디티오라고 부른다. 배움은 인간에게 원초적인 본능이다. 성공한 사람일수록 사소한 것에서도 배움의 요소를 찾아내고, 이를 활용하여 인생의 전환점을 만들어 내는 달인이다. 그들은 남들이 그냥 스쳐 지나가는 일상도 성공의 지혜가 솟는 원천으로 삼는다. 사람들과 잡담을 나누고 집에서 누워 텔레비전을 보거나 친구들과 영화를 볼 때도 그것을 삶을 위한 배움의 장으로 삼은 것이다."

내가 만나 본 제안왕들은 모두 평생학습자였다. 예외가 없었다. 출발은 모두 달랐다. 초등학교도 다니지 않은 제안왕, 고등학교를 졸업하고 직장생활을 시작한 제안왕, 대학교를 졸업하고 사회생활을 시작한 제안왕 등등. 그러나 지향점은 모두 같았다. 낮에는 일하고 밤에는 공부. 그들의 일상생활은 주경야독이다.

김규환은 무학이지만 5개 국어를 한다. 비법은 마라톤 학습이다. 지치지 않도록 페이스를 조절하며 꾸준히 배우는 방법이다. 그는 직장을 다니며 중·고등 검정고시에 합격하고 대학교를 수석으로 졸업했다. 윤생진은 공고 출신이지만 서울대학교 경영대학원에서 최우수 논문상을 받았다. 방극진도 고졸이지만 현재 기계공학 박사과정을 수료했다. 필자 또한 고졸이지만 2003년 군대에서 한국방송통신대학교를 입학하여 2014년에 박사 학위를 받았다.

제안은 새로운 것을 생각해서 논리적으로 상대방을 설득해야 한다. 새로운 것을 생각하려면 새롭게 배워야 한다. 그러나 그것이 꼭 학교 진학과 이어질 필요는 없다. 새롭게 배우는 것은 일터에서의 경험, 업무 매뉴얼, 선배에게 배우는 도제식 공부, 일상의 경험 등 모두 포함된다. 배움은 언제 어디서나 일어난다. 평생교육학에서는 그것을 무형식 학습이라고 한다. 배움에 형식이 없는 것이다.

제안왕들은 무형식 학습의 대가들이다. 그들은 공장의 기계 위에 단어장을 붙이고, 작업복을 개조하여 책 주머니를 만들었다. 심지어 홍재석은 잠자리에서도 책을 보기 위해 「책 고정대」를 발명하고 특허로 출원했다. 그들은 공부가 고파서 지금도 공부를 하면 맛이 좋다고 한다. 일생을 그렇게 살았다. 무엇이 그들을 공부하게 하는가?

제안이다. 그들은 제안을 본격적으로 하면서 동시에 일상에서 학습을 생활화하기 시작했다. 습관처럼 늘 새로운 아이디어를 떠올리는 그들에게 배움은 채워지지 않는 갈증이었다. 제안활동으로 조직에서 위상이 올라가면서 학력 콤플렉스가 그들을 자극하기도 했다. 히말라야정상을 오르기 위해서는 길을 안내하는 셰르파가 꼭 필요하다. 제안왕들에게 평생학습은 셰르파와 같은 존재다. 배움은 늘 새로운 아이디어를 가져다주었다.

세계 정상의 스포츠 스타들도 한번쯤 깊은 슬럼프를 겪듯이 제안왕들에게도 제안활동의 슬럼프가 있었다. 그때마다 배움에서 새로움을 찾아 더 멀리 나아갔다. 이들에게 평생학습은 완전히 새로운 인생의 터닝 포인트가 되어 주었다. 인생 100세 시대에 평생현역의 삶은 모두의 꿈이다. 현직에서 은퇴한 제안왕들은 평생학습으로 자신의 새로운 인생을 셀프제안하고 평생현역의 삶을 살고 있다. 제안왕이 되고 싶은가? 평생현역으로 살고 싶은가? 평생학습을 하라!

제6장

제안왕의
아이디어 비밀:
아이디어 십계명

1+1 = 새로움

미국의 타임지는 2014년 최고의 발명품으로 셀카봉을 선정했다.
우리 집에도 두 개의 셀카봉이 있다. 이제는 거리에서 셀카봉을 들고
있는 모습이 낯설지 않다. 셀카봉은 더하기 아이디어의 완결판이다.

작대기+카메라

작대기와 휴대폰를 합치니 전혀 새로운 모습의 발명품이 탄생했다.

이처럼 더하기 발명은 쉬우면서도 효과가 뛰어나다. 성남시는 올해 '나는 제안왕이다.'라는 이름을 걸고 시민을 대상으로 제안 오디션을 펼쳤다. 2014년 최우수 제안왕으로 선정된 이재영 씨의 아이디어는 「대기 승객을 알려주는 버스정류장 LED 조명설치 제안」이다.

"전깃불도 들어오지 않고 인적이 드문 버스 승강장에 사람이 들어오면 자동센서가 작동하여 LED등이 점등되면 좋겠다는 생각을 했습니다. 범죄 예방은 물론 버스의 무정차 통과를 예방하는 효과를 가져올 것이라 생각합니다."

제안자의 발표가 끝나고 행사에 참석한 시민들의 현장투표가 이어졌다. 이재영 씨의 제안은 간단하면서도 바로 적용할 수 있는 아이디어로 시민들의 공감과 호응을 얻었다. 이날 참석한 성남시장은 이재영 씨의 제안을 2015년에 정규사업으로 진행하겠다고 밝혔다. 이 제안은 대표적인 더하기 제안 사례다. '기존에 있는 LED 전등+감지센서+정류장'을 더해 '어둡고 무서운 정류장'에서 '밝고 안전한 정류장'으로 거듭났다.

제안왕들을 보면 완전히 새로운 아이디어를 내는 경우는 거의 없다. 대부분 현재 널리 사용되고 있는 기술을 자신의 아이디어에 적용한 사례가 많다. 고등학생 때 미국 소방청과 백만 달러 계약서를 쓴 정희윤의 「파이어지트」도 더하기다. 이미 사용되고 있던 유독가스와 열을 인식하는 '센서+경보기+소화기'를 더해 불이 나면 소화기의 위치를 사람들에게 신속하게 알려주는 발명품이다. 정희윤은 아이디어를 떠올리고 이미 나온 기술을 효과적으로 더했다.

모든 헬스장에 비치되어 있는 종합헬스기구는 홍재석의 발명품이다. 하나의 기구로 여러 부위를 운동하고자 하는 생각에서 여러 헬스기구를 더하면서 완성되었다. 이 발명품은 독일 국제발명대회에서 금상을 받고 업체에 특허 권리를 양도해 막대한 수익을 거두었다.

이처럼 아이디어를 더하다 보면 생각지도 못했던 기발한 제안과 발명품이 탄생하게 된다. 주위를 둘러보라. 더하기 아이디어로 탄생한 물건들이 당신의 삶에 깊숙이 들어와 있다. 여러 가지 색깔의 볼펜을 하나로 묶은 삼색볼펜, 연필 끝에 지우개가 달린 연필지우개, 디지털 사진액자, 전자책E-book 등 수없이 많다. 세계에서 가장 많은 발명도서를 저술해 기네스북에 오른 왕연중은 더하기 발명에 관해서 이렇게 말한다.

"앞으로도 이 '더하기 발명'은 더욱 발전될 추세이다. 수학에서는 하나 더하기 하나는 둘뿐이라는 정확한 답이 있지만 발명에서의 더하기는 답이 열 개일 수도 있고, 수천 개가 될 수도 있다. 많은 사람들이 무심코 지나치기 쉬운 것들을 한발 앞서 더하기 발명으로 발명가가 될 수 있고, 발명품을 상품화하면 훌륭하게 성공할 수 있는 곳이 발명의 세계다."

　새로운 기술을 만들어 내기는 여간 어려운 일이 아니다. 그러나 이미 나온 다양한 아이디어를 인터넷에서 찾아내 더하다 보면 세계인을 즐겁게 하는 셀카봉과 같은 발명품이 탄생한다. 당신의 아이디어를 무시하지 말고 더해보자. 더하면 새로워진다.

다이어트
아이디어

아이디어에도 다이어트가 필요하다. 군더더기를 걷어내면 새로움이 나타난다. 작년 여름에 선풍기 때문에 아찔한 순간을 경험하고 날개 없는 선풍기를 샀다. 바람을 내뿜으며 빠르게 돌아가는 선풍기 날개는 아이들의 손을 부른다. 둘째 녀석이 선풍기에 손을 넣는 것을 보고 냉큼 산 날개 없는 선풍기. 참 신기했다. 선풍기에서 날개를 빼다니. 날개 없이 쌩쌩 나오는 바람을 맞고 있자니 어처구니가 없었다. 맷돌의 손잡이 이름이 어처구니다. 날개 없는 선풍기는 맷돌의 생명인 어처구니가 없는 격이었다. 이 기발한 발명품의 주인공은 영국의 디자이너 제임스 다이슨이다.

날개 없는 선풍기는 아주 간결하다. 바람이 나오는 뻥 뚫린 원형의 고리와 그걸 받치는 원기둥 모양의 몸체. 이게 전부다. 그런데 뻥 뚫

다이슨의 날개 없는 선풍기

려 있는 공간에서 마술처럼 바람이 나온다. 바람의 세기는 무려 기존 선풍기의 15배로 강력하다. 그 원리는 비행기의 날개에서 얻었다고 한다. 원형 몸통의 뒤에서 앞으로 바람을 불어 넣으면 비행기가 하늘을 날아가는 것과 같은 기류가 형성된다. 공기의 흐름이 빠를수록 주변에 있는 공기들이 빠른 기류에 합류해 더 큰 바람을 일으키는 방식이다.

제임스 다이슨은 기존의 사물에서 불편한 것을 없애고 새로운 물건을 만드는 탁월한 능력을 갖고 있다. 현재 영국 가정의 30%는 먼지봉투가 없는 진공청소기를 쓴다. 어느 날 그는 진공청소기로 청소를 하다가 흡입력이 약해지고 고약한 먼지 냄새로 불편함을 겪었다. 원인을 밝히기 위해 청소기를 열었다가 먼지봉투에 먼지가 꽉 차있었던 것을 발견했다. 그의 주특기는 불편함을 빼내는 것. 그래서 탄생한 것이 먼지봉투 없는 청소기다. 그러나 시제품을 만드는 것은 쉽지 않았다. 그래서 아이디어만 특허로 등록해 대기업에 팔려고 했지만 "그게 가능하겠냐?"라는 비아냥을 듣고 직접 개발까지 해서 전 세계에 수출하고 있다. 현재 그는 다이슨사의 CEO로서 1,300개의 특허를 가지고 있다. 그중에 제임스 다이슨에게 막대한 부를 선물한 것은 몸에서 군살을 빼내듯 물건의 불필요한 부분을 빼내는 다이어트 특허였다.

사물을 다이어트하는 달인은 일본에도 있다. 컴퓨터 기록매체로 널리 쓰였던 플로피디스크는 일본인 나카마쓰가 음악감상을 하다가 떠올린 아이디어다. 베토벤의 교향곡을 즐겨 들었던 그는 오디오의 잡음 때문에 불만이 많았다.

"베토벤의 좋은 음악을 오디오의 소음이 망치고 있어. 무엇 때문에 소음이 발생할까? 맞아! 문제는 음반을 돌리는 바늘이야. 바늘 없이 돌아가는 음반이 있다면 잡음이 없을 텐데……."

그는 오디오에서 바늘을 없애고 음악을 감상할 수 있는 플로피디스크와 드라이브를 발명해내는 데 성공했다. 그는 플로피디스크 아이디어를 특허로 등록하고 IBM사에 막대한 돈을 받고 특허를 팔았다. 지금 그는 수백억 원대의 재산가로 알려져 있다. 불편과 불필요를 걷어내면 본질만 남는다. 본질을 추구하면 아이디어가 떠오른다. 주위를 둘러보자. 지금 당신이 사용하는 무선 마우스, 설탕이 없는 무가당 주

스, 구멍이 송송난 신발 등이 그렇게 탄생했다. 사물과 생각을 다이어
트 하자. 그러면 그 속에 숨어 있던 아이디어가 보인다.

크기를 바꾸는
아이디어

2009년 3월 중앙일보는 신문의 크기를 줄인다. 일반 판형(가로 391㎜, 세로 545㎜)을 베를리너판(가로 323㎜, 세로 470㎜)으로 바꾸니 사람들은 혁신적 시도라고 평가를 한다. 고작 크기만 줄였을 뿐인데. 그러나 신문의 크기를 줄이니 다양한 효과가 나타났다. 먼저 신문을 읽는 사람들이 편해졌다. 일반신문은 크기가 커서 성인도 팔을 넓게 벌려 잡아야하고 접기도 힘들었다. 그러나 베를리너판은 전철에서도 옆 사람에게 피해를 주지 않게 접을 수 있고, 크기가 작아서 휴대도 편하다. 거기다 한눈에 지면 전체를 볼 수 있어 기사에 대한 집중도가 높아졌다. 무엇보다 중앙일보는 크기로 혁신을 선도하는 신문사로 독자들에게 각인된 것이 가장 큰 소득이다.

그 신문에서 아이디어를 얻은 사람이 있다. 방극진. 원전 부품비리가 매일 메인기사로 다뤄 질 때다. 언론은 비리의 원인으로 부품의 검사와 인증의 조작을 지목했다. 해외에서 원전부품을 인증 받는 과정에서 품질보증서가 조작된다고 밝혔다. 우리나라에는 작은 원전부품을 검사하는 '소형챔버' 장비밖에 없다. 방극진은 고민 끝에 '소형챔버'의 크기를 늘여 큰 원전부품도 검사할 수 있는 '중형챔버'를 만들었다. 대부분 사람들이 원전비리 사태로 우왕좌왕할때 방극진은 크기를 키우는 아이디어로 문제를 해결했다.

켈로그와 포스트. 세계인의 아침식사를 책임지는 양대 회사다. 켈로그 박사는 아침에 가볍게 식사할 수 있는 식품을 개발하면서 과일과 곡물을 가공하고 혼합하여 원재료의 부피와 크기를 확 줄였다. 이렇게 탄생한 시리얼을 우유에 타서 자신이 운영하던 요양원의 환자들에게 맛보게 하니 모두가 만족스러워 했다. 당시 요양원의 환자였던 포스트는 켈로그 박사에게 판매와 홍보을 돕겠다고 제안했지만 거절당하자 아예 회사를 설립해 지금도 라이벌의 관계를 유지하고 있다. 음식의 크기를 줄인 켈로그 박사의 아이디어는 바쁜 일상을 사는 현대인들에게 그나마 아침의 여유를 제공하고 있다.

크기를 줄여 만드는 제품들은 우리의 삶을 바꿔 놓고 있다. 극세사 이불은 어느덧 가정의 필수품이 되었다. 극세사는 따뜻하면서도 가볍고 감촉이 좋다. 나노기술로 극세사가 탄생했다. 나노기술은 10억분의 1m 크기로 입자를 작게 해서 새로운 신소재를 쏟아 내고 있다. 나노기술은 기술의 집적도가 높아지는 반면에 크기는 작아져 손안의 컴퓨터 스마트폰 시대를 열었다. 재료분야에도 혁명이 일어나고 있다. 철강보다 10배 강하고 무게는 25%인 고강도 소재가 개발 되었다. 그러다 보니 크기를 줄이는 기술은 전 세계가 탐을 내고 있다. 미국은 '국가나노기술개발 전략'을 수립하여 매년 8억 달러 이상을 쓰고 있고, 일본도 'N-PLAN 21' 프로젝트를 통해 5억 달러 이상 투자를 한다. 우리나라도 크기를 줄이는 기술에 집중해 미국, 일본, 독일과 함께 나노 4대 핵심 개발국가로 도약하였다.

　반면에 누가 먼저 가장 크게 만들 것인가에 대한 경쟁도 전개되고 있다. 언제부터인가 TV는 눈을 휘둥그레 뜨고 보아야 할 만큼 커지고 있다. 가장 크게 만드는 기업이 최고의 기술을 인정받는다. 냉장고, 세탁기도 마찬가지다. 크기를 상징하는 대형 또는 특대형 글자가 늘 앞에 붙는다. 크기가 커지고 작아지는 것은 단순한 듯 하지만 그 결과에는 반드시 혁신이 따라 붙는다. 인간의 욕망을 자극하기 때문이다. 피라미드는 크지만 그 안의 보물들은 극도로 작은 이유다. 우리의 내면에는 큰 욕구와 작은 욕구가 늘 함께했다. 그래서 그런 아이디어는 사람들에게 늘 환영을 받았다. 한 가지 분명한 것은 먼저 크게 하고 먼저 작게 하는 자가 혁신의 칭호를 부여 받았다는 것이다. 사물을 바라보는 나의 프레임을 조절해보자. 좀 더 크게. 좀 더 작게.

용도를
바꾸다

"이 용기는 방사성폐기물 드럼통의 1/80 축소형입니다."

내 책상 연필꽂이에 쓰여 있는 글이다. 방사성폐기물은 금기어로 취급 된다. 그러나 수명을 다한 방사성폐기물은 어디엔가 꼭 저장을 해야 한다. 2005년 전북 부안에서는 부안군수가 방사성폐기물 처리장을 유치하려다가 반대하는 군민들에게 폭행을 당했다. 이처럼 첨예한 대립이 존재하는 이슈가 방사성폐기물 처리장이다. 난 산업부 공무원에게 이 연필꽂이를 우연히 선물 받았다. 이 작은 드럼통의 중간부분에는 평화를 상징하는 노랑색이 칠해져 있고, 윗부분에는 청명한 가을하늘, 아래에는 푸른 잔디 그림이 새겨져 있다. 보고 있으면 정감이 가는 물건이다. 왜 정부에서는 방사성폐기물 드럼통을 작게 만들어 시민들에게 나누어 주었을까? 선물을 준 공무원에게 물어보았다.

"일반 시민들은 방사성폐기물이 어떻게 보관되고 관리되는지 모르 잖아요. 그래서 더욱 방사성폐기물 처리장을 싫어하고 방사성폐기에 관해서 좀 더 친근하게 알려보자는 생각에서 직원이 제안을 한 거예 요. 이런 튼튼한 드럼통에 보관을 한다면 안심하지 않을까 해서요. 방 사성폐기물 드럼통을 축소해서 연필꽂이로 만든 겁니다."

용도를 바꾸는 제안으로 방사성폐기물 드럼통은 친근한 연필꽂이 로 변신했다. 제안자의 의도는 적중했다. 연필꽂이가 책상에 있고부 터 방사성폐기물에 대한 나의 인식이 우호적으로 변화되었으니까. 용 도를 살짝 바꾸면 모두가 싫어하는 물건도 사람들이 좋아하는 애용품 이 될 수 있다.

모든 사물에는 용도가 있다. 그런데 그 용도는 만든 사람과 사용하 는 사람이 정한다. 간혹 새로운 물건이 나와 그 사물의 수명이 다 되어 버림받는 경우가 있다. 이때가 용도를 바꾸어 아이디어를 낼 기회다. 셀룰로오스는 섬유를 만드는 중요한 원료로 쓰인다. 특히 1980년대에 레이온 섬유가 폭발적인 인기를 얻으면서 너도 나도 셀룰로오스를 사 재기 하듯 구매했다. 그러나 레이온보다 좋은 섬유들이 나오면서 셀룰 로오스의 인기는 급격히 식었다. 창고에 쌓여 있는 셀룰로오스를 보며 한숨 쉬는 사람들. 어쩔 수 없이 사람들은 셀룰로오스를 쓰레기로 버 리기 시작했다. 그때 버려진 셀룰로오스를 수거해 다이어트 식품으로 용도를 바꾸어 파는 사람이 나타났다. 그는 셀룰로오스가 칼로리는 전혀 없지만 포만감을 주는 특성을 파고 들어 식품으로 만들었던 것이다. 이후 연구자들은 셀룰로오스를 이용한 마요네즈 등 다양한 식품을 개발해 돈을 벌고 있다. 카이스트의 이상엽 교수는 셀룰로오스를 재료로 친환경 바이오 플라스틱도 곧 등장한다고 전망했다.

　사물의 용도를 바꾸는 아이디어는 생활 속에서도 쉽게 찾아 볼 수 있다. 2009년부터 대형마트에서는 시민들에게 종량제 쓰레기 봉투를 구매 물품을 담는 용도로 판매하고 있다. 일회용 봉투를 50원에 사는 낭비를 줄이고자 장원태씨가 제안하였다. 정부에서는 이 제안으로 연간 25억 원이 절감되고 있다고 밝혔다. 김규환은 일본에서 수입하는 '하이스피드 아댑터'를 개발하는 과정에서 고속으로 회전할 때 발생하는 긁힘 현상을 해결하지 못해 상당한 고민에 빠졌었다. 우연히 TV에서 물레방아를 부드럽게 회전시키는 축을 보고 기계 내부를 부드럽게 감싸주는 '붓싱'을 떠올려 문제를 해결하였다. 그리고 김가성은 청보리밭을 축제의 장으로 용도를 바꾸어 3천만 원을 들여 180억 원을 벌었다. 이처럼 전혀 연관성이 없을 것 같지만 용도를 바꾸어 생각해보면 그것이 훌륭한 제안이 되고 기발한 발명품으로 재탄생 한다.

역발상으로
뒤집어라

'왓 이즈 더 프레임'이라는 토크콘서트에서 강연자로 나선 만화가 강풀은 사고의 전환을 이렇게 말했다.

"프레임 밖에서 프레임을 생각하라."

기존의 생각과 가치는 프레임을 만든다. 그 프레임을 벗어나면 비상식적인 사람이 되고 미움의 대상이 된다. 대부분의 사람은 암묵적으로 형성된 사회적 프레임을 벗어나는 걸 두려워한다. 그러나 세상을 발전시킨 사람들은 프레임을 키우거나 아예 깨버렸다. 그 차이는 무엇인가? 그것은 프레임 안에서 프레임을 보는 차이와 프레임 밖에서 프레임을 보는 차이에서 비롯된다. 프레임 안에서 보는 프레임은 단단하고 크다. 그러나 '프레임 밖에서 프레임을 보면 겨우 이 정도에 내가 갇혀 있었나' 하고 실망하게 된다.

　반대로 생각하는 것은 쉽지 않다. 반대로 생각하면 사람들이 반대한다. 발명을 흔히 역발상이라고도 한다. 발명은 반대로 생각하기가 시작이다. 국민 여동생 아이유가 얼마 전 발가락 양말을 신고 나와 사람들을 즐겁게 했다. 발가락 양말은 아저씨들의 전유물로 놀림을 받지만 아이유가 신으니 귀여운 발가락 양말로 재인식 되었다. 발가락 양말은 손 장갑에서 발명되었다. 그러면 손 장갑은 어디에서 나온 것일까? 발 양말이다. 발을 따뜻하게 감싸는 발 양말에서 힌트를 얻어 손 장갑이 나왔다. 순서를 정리하면 발 양말 → 손 장갑 → 발가락 양말이다. 역에서 역으로. 손과 발을 반대로 뒤집으니 우리에게 꼭 필요한 물건들이 발명품으로 탄생한 것이다. 요즘에는 발가락 신발도 나왔다. 이 발가락 신발은 손을 보호하는 보호 장갑에서 나왔단다. 기막힌 역발상이다.

엄브렐러Umbrella를 뒤집은 언브렐러Unbrella가 나와 화제다. 비에 젖은 우산이 옷에 스치거나 전철과 버스에서 물이 뚝뚝 떨어져 낭패를 당한 경험이 있을 것이다. 일본의 디자이너 히로시 카지모토는 우산을 반대 방향으로 접도록 만들었다. 물에 젖은 부분이 안쪽으로 들어가면서 본인은 물론 주변 사람에게도 불편을 끼치지 않도록 했다. 언브렐러는 우산과 비슷한 모양이지만 위아래가 반대다. 솔직히 이 발명품을 보면서 놀랐다. 얼마 전 비에 젖은 우산을 들고 식당에 갔다가 우산 보관대가 없어서 젖은 부분이 안쪽으로 가는 언브렐러와 같은 아이디어를 생각했었기 때문이다. 늘 느끼는 거지만 아이디어는 먼저 실천하는 사람이 주인임을 또 다시 깨달았다.

하루 10조 원 매출로 세상을 놀라게 하고 있는 중국 알리바바의 회장 마윈은 "세상의 모든 사물은 우리의 상상을 영원히 초월한다."라며 상상력이 세상을 바꾸는 힘이라고 말했다. 상상력의 원천은 역발상이다. 외쳐 불러보자. 로꾸거 로꾸거~

아이디어를
빌리다

러시아 대통령의 티타임에는 초코파이가 같이 나온다. 초코파이의 품격이 느껴진다. 북한도 마찬가지다. 개성공단에서 '오늘 야근합시다'라고 하면 시큰둥하지만 '야간 간식은 초코파이 입니다'라고 말하면 모두 야근 신청을 한다. 역시 맛있는 거 앞에서는 국경을 초월하나 보다. 이토록 맛있는 초코파이 누가 발명했을까?

1970년대 오리온의 연구원들은 선진국을 돌아보며 과자시장을 조사했다. 어느 카페에서 초콜릿을 입힌 과자를 맛본 그들은 외쳤다. 유레카! 애타게 찾던 과자를 발견한 그들은 귀국을 해서 초코 과자 연구에 들어갔다. 그러나 딱딱한 비스킷에 초코렛을 입히면 잘 부스러져 고민이 많았다. 일 년의 연구 끝에 그들은 말랑말랑한 마시멜로를 입혀 세계 최초로 부드러운 초코파이 과자를 발명하고 세계인의 사랑을 독차지 하고 있다. 이 초코파이가 바로 아이디어 빌리기의 대표적인 사례다.

장애를 딛고 명장에 오른 정한택은 경비원으로 입사를 했다. 어느 날 공장을 순찰하면서 접착제 원료를 직접 섞으며 낑낑대는 직원들을 보았다. 큰 막대로 원료를 저어서 섞다 보니 얼굴과 옷에는 시커먼 원료들이 잔뜩 묻어 있었다. 그 직원들은 공장에서 제일 힘든 일이 원료를 배합하는 일이라고 했다. 원료를 쉽게 배합하는 방법이 없을까 고민하던 정한택은 출근길에 보았던 레미콘 차량이 생각났다.

"오늘 아침 출근하면서 레미콘 차량을 봤는데요, 원통형 통이 계속 돌아가면서 굳지 않게 콘크리트를 계속 섞어 주더라고요. 그것처럼 큰 통을 만들고 중간에 축을 끼워서 원료를 계속 섞어 주면 되지 않겠어요?"

정한택의 아이디어는 공장장에게까지 보고가 되었고 '자동 원료 배합기'라는 이름으로 실행되었다. 원료배합을 전담하는 직원들은 다른 파트에서 일하게 되었다. 그 제안의 효과를 톡톡히 경험한 회사는 특허까지 출원해 많은 돈을 벌게 되었다. 정한택의 제안은 전혀 다른 성질의 레미콘 차량에서 아이디어를 빌려와 접착제 원료를 배합하는 장치를 탄생시켰다. 이처럼 일상생활에서 아이디어를 빌려와 복잡한 문제를 간단히 해결하는 경우가 많다.

또한 전혀 다른 분야에서 아이디어를 빌려와 획기적인 발명품이 탄생하기도 한다. 대부분의 사람들은 풀리지 않는 문제를 만나면 거기에 집중을 하고 그 현상에 매몰되는 성향이 있다. 그럴수록 문제는 더욱더 해결하기 어려운 미궁에 빠진다. 그럴 때는 한 발짝 물러나서 주위를 둘러보며 아이디어를 빌려보자. 아이디어를 빌리는 것은 개인에게만 해당되는 말이 아니다. 국가와 기업도 해결하기 어려운 사안이 있으면 국민과 직원들에게 제안공모를 통해서 집단지성의 아이디어를 빌려서 해결한다. 이처럼 아이디어를 빌려와 새로운 아이디어를 만드는 일은 가장 고전적이면서도 효과적인 방법이다.

김정운 교수는 기존의 아이디어를 편집해 새로운 아이디어를 만든다는 뜻으로 '에디톨로지editology'라는 새로운 학문을 만들어냈다. 그가 전 세계에서 처음으로 만들었다는 '에디톨로지'라는 말조차도 기존에 있던 단어인 에디트Edit와 테크놀로지Techknology를 합한 것이다. 그는 말한다.

"해 아래 새로운 것은 없다. 인간은 듣지 않고 보지 않은 것은 상상할 수 없다. 모든 발명품은 직간접적으로 경험한 것을 새롭게 편집한 것일 뿐이다. 지금 시대가 요구하는 사람은 편집을 잘하는 사람이다. 편집이 곧 창조다."

대상을
바꾸다

아기를 잃어버리고 오열하는 부모들을 텔레비전에서 보며 나도 같이 울었다. 그들의 슬픔과 아픔이 고스란히 전달되어 가슴이 먹먹해졌다. '무슨 방법이 없을까? 미아가 된 아이들을 쉽고 빠르게 찾아줄 수 있는 방법을 찾는다면 저런 비극은 없을 텐데…….'

그 순간 머릿속에 상황이 그려졌다. '엄마를 잃어버려 우는 아이 → 식은땀을 흘리며 정신없이 아이를 찾아다니는 엄마 → 우는 아이를 발견하고 경찰서에 데려다 주는 아저씨 → 경찰이 아이에게 엄마 이름과 연락처를 물어보지만 대답을 못 하는 아이 → 경찰서에 있는지도 모르고 잃어버린 장소에서 계속 맴도는 엄마' 등의 생각이 여기에까지 미치자 '그래! 아기가 태어나면 경찰서에 지문과 부모의 인적사항을 등록하면 되겠구나.' 하는 아이디어가 떠올라 바로 한 장의 제안

경찰청 아동 지문등록 포스터

서로 만들어 정부에 제안을 했다. 그렇게 「미아방지를 위한 아기지문
등록제」가 탄생했다.

지금은 300만 명이 넘는 아이들이 등록해 미아를 방지하고 있다.
나를 아는 사람들은 "어떻게 그런 대단한 생각을 하셨어요?"라며 물
어본다. 그러면 난 "어른이 되면 지문등록 하잖아요? 아이도 지문등
록 하면 되겠다는 생각이 들었습니다."라고 말해준다. 이 말을 들은
사람들은 '대단한 줄 알았더니 별거 아니네.'란 표정이다. 그렇다. 어

른에서 아이로 대상만 바꾼 아이디어가 바로 '미아방지를 위한 아기 지문 등록제'다. 대상만 바꾸어도 새로운 발명이 되니 이 얼마나 간단하고 놀라운가! 필자는 이 아이디어의 채택으로 청와대 영빈관에 초청되어 대통령과 오찬을 함께하는 영광을 누렸다.

우리가 일상에서 흔히 사용하는 물건을 보면 대상만 바꾸고 대박을 친 아이디어가 무수히 많다. 20세기 초까지 사람들은 멧돼지와 같이 거친 동물 털을 칫솔모로 사용했다. 그러나 동물의 털을 사용한 칫솔은 가격이 비싸 대부분의 집에서는 칫솔 하나로 여러 명이 이를 닦았다. 이런 불편함을 눈여겨보던 듀폰이라는 회사는 1938년 나일론 소재로 칫솔모를 만들어 매우 싸게 칫솔을 팔았다. 이후 듀폰의 칫솔은 미국은 물론 전 세계의 칫솔시장을 독점할 정도로 엄청나게 팔려 듀폰을 세계적인 회사로 만들어 주었다.

스펜서 실버는 문구회사인 3M에서 연구원으로 일하고 있었다. 그가 개발하고 있던 제품은 종이를 게시판에 손쉽게 붙이고 떼는 스프레이 접착제였다. 그러나 사람들은 "무슨 접착제가 이렇게 약해?" 하면서 좋아하지 않았다. 실버는 오랜 시간을 공들여 만든 자신의 개발품이 사람들에게 외면당하자 무척 실망하였다. 그렇게 「종이를 붙이는 스프레이 접착제」는 실패한 개발품이 되어 실버의 서랍장에서 잠을 자고 있었다. 어느 날 동료 직원인 아트 프라이가 실버를 찾아왔다.

"실버! 전에 당신이 개발했던 종이 접착제 좀 얻을 수 있나요. 성가 집에서 찬송가를 찾는 일이 번거로워서 종이에 접착제를 발라 붙여 놓으면 편할 것 같아서요."

실버는 프라이의 말을 듣고 자신이 개발한 접착제를 종이에 발라서 책에 붙였다 떼어내자 자국 하나 없이 깨끗한 것을 발견했다. 실버와 프라이는 '게시판에 종이를 붙이는 스프레이 접착제'에서 '쉽게 떼었다 붙이는 메모지'로 대상을 바꾸어 회사에 생산을 제안했다. 지금은 널리 사용되고 있는 「포스트잇」이 이렇게 탄생했다. 이처럼 대상을 바꾸는 아이디어는 아주 간단하지만 그 효과는 크고 새롭다. 아이디어를 찾는 이들이여! 지금 당장 대상을 바꿔 보라.

재료를
바꾸다

13세 소년이 레고로 점자 프린터를 개발해 인텔에서 투자를 받고 실리콘밸리에 창업을 해서 화제가 되고 있다. 주인공은 인도계 소년 슈브함으로 '앞이 안 보이는 사람들은 글을 어떻게 읽을까?'라는 궁금증에서 개발을 시작하였다고 한다. 기존의 점자 프린터는 2천 달러 이상으로 가격이 비싸다. 그러나 슈브함이 '레고'의 로봇 제작용 키트로 만든 점자 프린터는 350달러 정도다. 인텔의 인벤터 플랫폼스 책임자 에드워드는 AP통신에서 "슈브함은 진짜 문제를 해결하고 있고, 이미 존재하는 산업을 뒤집어 놓으려고 하고 있다."라고 말했다. 시각장애인들이 쓰는 프린터를 조립 장난감 레고로 만든 슈브함은 프린터의 재료를 바꾸어 기존의 상식을 뒤집었다. 그 덕분에 슈브함은 실리콘밸리 역사상 가장 어린 창업자의 영광을 얻었다.

우리가 지금 일상생활에서 편리하게 사용하는 물건들 중에는 재료만 바꾼 것들이 많다. 필자는 시간당 운동량이 가장 많다는 배드민턴을 아내와 즐겨 친다. 처음에는 새의 깃털로 만든 배드민턴공을 사용했는데 털이 잘 빠져서 자주 교환해야 하는 불편함이 있었다. 그래서 동네 문방구에서 플라스틱 깃털로 만든 배드민턴공을 샀는데 일 년이 넘도록 사용하고 있다. 나에게 이런 편리함을 가져다준 사람이 바로 칼튼이다. 그는 새의 깃털로 만든 배드민턴공을 플라스틱 깃털로 재료만 바꾸어 순식간에 부와 명예를 거머쥐었다.

요즘은 종이 장난감을 쉽게 볼 수 있다. '모모트'라는 종이 장난감 회사 덕분이다. 모모트의 박희열 대표는 대학생 때 과제를 하다가 값싸고 손쉽게 디자인할 수 있는 종이 장난감을 만들었다. 그의 기발한 발상은 네모-네모-로보트의 글자를 함축해 모모트라는 종이 장난감 회사의 창업으로 이어졌다.

모모트의 종이장난감

지금은 종이 장난감 디자인을 뛰어넘어서 디즈니, 마블코믹스 등의 글로벌 브랜드와 콜라보레이션 프로젝트를 진행하고 있다. 모모트의 등장으로 종이 장난감은 장난감 시장의 새로운 트렌드로 확고히 자리 잡았다. 단지 플라스틱에서 종이로 바꿨을 뿐이지만 전혀 새로운 사업의 영역이 탄생한 것이다. 우리가 거의 매일 사용하는 종이컵, 나무 젓가락, 고무장갑, 비닐장갑 등이 재료만 바꿔 새롭게 탄생한 물건들이다. 또한 친환경 종이벽돌로 만든 종이집, 종이식판, 종이블럭 등 재료를 바꾸는 아이디어는 끊임없이 나오고 있다.

우리나라에는 재료를 바꾸어 새로운 제품을 만드는 데 특별한 재주가 있는 명장이 있다. 금속도금 분야의 유일한 명장 배명직이다. 그는 옻칠을 입힌 나무 그릇들이 항균작용을 해서 잘 팔리자 옻칠명장에게 금속도 옻칠이 되냐고 물었다. 그러자 그는 이렇게 말했다.

"말도 안 되는 소리다. 금속에 옻칠을 하면 금방 벗겨진다. 절대 안 된다!"

옻칠 명장의 말에 더욱더 도전할 만한 가치가 있다고 느낀 배명직은 밤낮으로 연구에 몰두해 비로소 세계 최초로 옻칠을 입힌 금속 밥그릇 세트를 만들어 특허 등록을 했다. 또한 지인과 등산을 하다가 유약을 입힌 도자기 유골함 때문에 유골이 빨리 부패한다는 이야기를 듣고 항균작용을 하는 옻칠을 입힌 스텐리스 유골함을 세상에 내 났다.

그가 세계 최초로 만든 황금칼도 칼 표면에 텅스텐과 순금을 입혀 마모되지 않는 반영구적인 칼을 만든 것이다. 배명직이 재료를 바꾸어 새롭게 개발한 제품들은 모두 히트상품이 되었다. 그는 오늘도 어떤 재료를 금속에 입힐까 고민하고 있다. 재료만 바꾸어도 새로운 발명품이 탄생하는 원리를 배명직은 일찍부터 알고 있었다.

재활용을
하다

가장 효율적인 아이디어는 버려지는 물건을 재활용해서 새로운 물
건이나 시스템을 만드는 것이다. 서울시에서는 수시로 시민들에게 정
책제안을 받아 우수한 제안을 시정에 반영한다. 필자는 '출산·영유아
용품 기부대여 센터'구축을 제안해 2010년 최우수 '서울시 창의상'을
받았다. 상금도 주길래 봉투를 슬쩍 보니 3백만 원이라고 쓰여 있었
다. 그것만으로도 충분한데 서울시 백서에 3쪽에 걸쳐 최우수 시민정
책 사례로 소개 되었고 서울시 명예의 전당에 헌정되었다. 나에게 이
런 영광을 준 것은 재활용이다. 대부분의 사람들은 출산을 앞두고 긴
장과 흥분 그리고 설렘의 감정으로 꼼꼼히 출산준비를 한다. 엄마는
자신과 아이를 위해 태교 책, 태교 음악 CD, 출산용품 등을 구입한
다. 그리고 기다리던 아이가 세상에 나오면 소중한 아이를 위해 유모
차, 장난감, 자전거, 책 등 돈을 아끼지 않고 질 좋은 물건들을 산다.

그러나 아이가 크는 속도에 비례해 출산·영유아 용품들은 수명을 다하고 빠르게 종이박스로 들어간다. 다행히 주변에 출산을 앞둔 산모나 영유아가 있으면 과감하게 준다. 그러나 줄 곳이 마땅치 않으면 종이박스는 창고나 쓰레기통으로 간다. 아파트 1층에 보면 거미들의 놀이터가 되버린 값비싼 유모차와 자전거가 수두룩하다. 그래서 필자는 방치되고 버려지는 출산·영유아 용품을 서울시에 기부하고 서울시는 기부 받은 용품들을 원하는 사람들에게 주거나 대여하도록 센터를 만들자고 제안을 했다. 현재 이 제안은 서울시의 25개 구청에서 모두 운영하는 영유아플라자에서 시행되고 있다.

대한민국에서 가장 많은 직무특허를 보유한 박순복 명장이 꼽은 최고의 특허는 제철소에서 사용 후 폐기된 고온을 견디는 물질(폐내화물)과 용광로 내부의 생석회(산화칼슘)를 혼합해 1,500도의 고열에도 견디는 강력한 시멘트다. 그는 세상에 없던 새로운 시멘트를 연구하기 위해 자신의 집을 판 것도 모자라 처갓집을 담보로 연구비를 마련했다. 무려 5년 동안 가능성 있는 모든 재료들을 배합하면서 연구를 지속했지만 매번 실패해 깊은 좌절감을 맛보았다. 그는 새로움의 돌파구를 재활용에서 찾았다. 제철소에서 사용하고 버리는 물질과 용광로 내부의 생석회를 배합했더니 마침내 그토록 원하던 새로운 물질이 탄생했다. 새로움은 멀리 있지 않다. 쓸모없는 물건과 재료들을 재활용하면 새로움이 창조 된다. 또한 기존의 제도와 시스템을 재활용하면 효율적인 제도와 시스템이 탄생하기도 한다.

초등학교 시절 제일 갖고 싶었던 것은 축구공과 축구화였다. 친구들이 멋진 축구화를 신고운동장에 나타나면 얼마나 부러웠던지. 집이 가난하면 아이들은 일찍 철이 든다. 나 또한 어머니에게 한 번도 축구공과 축구화를 사달라는 말을 하지 않았다. 그러나 못 가지면 더 갖고 싶은 법. 중학교 방학 때 막노동 아르바이트를 하고 제일 먼저 낫소 축구공과 퓨마 축구화를 샀다. 유년시절의 그 간절한 소유욕구 때문인지 요즘에도 스포츠 매장에 가면 사지도 않을 축구공과 축구화를 꼭 보고 나온다. 이처럼 가난한 아이들에게 축구공은 무척 귀한 물건이다.

UN과 적십자에서는 아프리카 아이들에게 재활용 종이로 축구공을 만들어 나눠주는 '드림볼 프로젝트'를 펼치고 있다. 가죽으로 된 축구

재생용 종이로 만든 축구공(드림볼)

공은 가격이 비싸 많은 아이들에게 나눠 줄 수 없기 때문이다. 재활용 종이공은 우리나라의 '언플러그 디자인Unplug Design'이라는 회사에서 개발을 했다. 우선 구호물품 상자를 재생종이로 만들고 상자 겉면에 일정한 패턴을 그려 넣는다. 상자에서 구호물품을 빼내면 빈 상자가 되는데 겉면에 그려진 패턴을 잘라서 이어붙이면 종이 축구공이 된다. 구호물품 상자와 종이의 절묘한 재활용으로 기발한 축구공이 탄생했다. 축구공이 종이다 보니 아이들이 맨발로 공을 차도 다치지 않아 아프리카 아이들에게는 안성맞춤이라고 한다.

드림볼로 축구를 하는 아이들

디자인을
바꾸다

야간에 횡단보도를 건너다 위를 한번 보라. 가로등을 'ㄱ'자로 길게 뽑은 듯한 횡단보도 전등이 있다. 이 전등이 생기기 전에는 야간에 횡단보도에서 차량사고와 뺑소니 사고가 자주 일어났었다. 요즘에도 뉴스를 보면 야간에 횡단보도를 건너는 사람을 못보고 자동차가 충격하는 사고가 가끔 일어난다. 그런 횡단보도를 유심히 보면 아직 횡단보도 전등이 설치가 안 되어 있는 경우가 대부분이다. 공공제안연구소 마용철 소장은 야간에 횡단보도를 건너다 뺑소니 사고를 당한 친구 동생의 죽음을 접하고 이 아이디어를 목포시청에 처음으로 제안했다. 그의 제안이 얼마나 많은 생명을 살렸는가를 생각하면 참으로 소중한 제안이다. 'I'모양의 가로등을 'ㄱ'모양으로 바꿨을 뿐이지만 그 효과는 오늘도 생명을 구하고 있다.

과거 동피랑   현재 동피랑

　지금은 세계적인 관광명소가 된 통영의 동피랑은 얼마 전까지만 하더라도 쓰러져가는 판자집들이 있었던 빈민촌의 대명사였다. 동피랑은 일제시대 때 일본인들이 대거 통영으로 들어오면서 그들에게 동쪽 절벽 지역으로 쫓기어 위쪽에 형성된 움막집터들이었다. 매년 여름이면 약한 태풍에도 지붕이 날아가 극빈층들만 살던 곳이었다. 그래서 동피랑에 살던 학생들은 "나 동피랑에 산다고 말하지 마라"라고 얘기할 정도로 낙후된 곳이었다. 통영시에서는 낙후된 이곳을 철거하고 깨끗한 마을로 재탄생시키려 했다. 그러나 몇 십 년을 동피랑에서 산 어느 주민은 그곳을 지키기 위해 '마을 전체에 벽화를 칠해보자'라는 아이디어를 제안했다. 그리고 동피랑에서 전국벽화공모전을 개최해 수많은 미대생을 끌어 모았다. 그 덕분에 동피랑은 지금 세계적인 벽화마을로 재탄생하여 통영을 먹여 살리고 있다.

　군대 발명왕 홍재석을 만나러 그의 집에 갔을 때 생수 페트병이 '물파스'처럼 목이 살짝 꺾여 있는걸 보았다. 페트병에 담긴 물과 음료를 따를 때 잘 흘리는 것을 보고 홍재석이 특허를 낸 발명품이었다. 그 페트병은 물컵 없이 페트병을 들고 물을 마실 때도 아주 편했다. 홍재석은 무려 550여 건의 특허를 등록 하였는데 디자인만 살짝 바꾼 발명품이 많다.

"발명이 거창한 것 같지만 살짝 디자인을 바꾸기만 해도 새로운 발명품이 탄생합니다. 제가 가진 특허 중에는 디자인만 바꾼 특허가 많습니다. 신기하게도 디자인만 바꿨을 뿐이지만 용도가 변하기도 하고 물건의 효과가 커지는 경험을 많이 했어요. 그런 발명품은 다 돈으로 연결됩니다. 대부분의 사람들은 발명과 특허를 어렵게 생각하지만 어떤 물건을 가져다 놓고 디자인만 바꿔 보세요. 예를 들면 치수를 재는 플라스틱 자는 모두 평평하지만 휘어지는 자를 만들면 원통형 물건의 치수도 잴 수 있는 기발한 발명품이 되는 겁니다."

배명직이 세계 최초로 만든 황금칼을 보면 칼날이 올록볼록하다. 호텔의 셰프들이 절삭력을 높일 수 있는 칼을 찾는 것을 보고 오랜 실험 끝에 나온 칼날 디자인이다. 아버지가 요리사였던 필자는 그 재능을 물려받은 탓인지 요리를 즐겨하는데 배명직에게 선물 받은 황금칼로 무를 자르다가 감탄을 금치 못했다. 딱딱한 무를 자르는데 거의 힘이 들지 않았다. 조금 과장을 보태면 갖다 대는 순간 잘렸다. 그 신기하게 생긴 칼날은 역시나 신기한 능력을 지녔다. 단지 칼날 디자인만 바뀌었을 뿐인데 말이다.

당신은 물건을 살 때 무엇을 보고 결정하는가? 기술이 발전하면서 물건의 기능은 다 비슷해졌다. 얼마 전까지만 하더라도 Made in korea

와 Made in china는 기능면에서 큰 차이가 있었다. 하지만 지금은 호랑이 담배피던 시절 이야기가 되버렸다. 우리 것과 일본 제품이 차이가 없듯이. 이제는 기능을 넘어서 디자인의 아름다움에서 결판난다.

애플이 아이폰을 세상에 내놓았을때 심플하면서도 고급스러운 디자인에 사람들은 감동했다. 아이폰 매니아들은 하나같이 그 디자인에 높은 점수를 준다. 아이폰에는 스티브 잡스의 인문학적 감수성이 녹아들었다. 사람들은 그 디자인에 마음을 열고 지갑을 열었다. 그래서일까? 삼성은 조너선 아이브 애플 디자인 수석부사장이 설립한 탠저린에서 공동대표를 지낸 이돈태를 영입했다. 그는 삼성 디자인경영센터 글로벌 디자인팀장(전무급)으로 애플의 디자인 DNA를 삼성에 이식하는 역할을 하리라 예상 된다. 이제 디자인은 제품의 기능보다 더 중요해졌다. 삼성그룹 이건희 회장은 디자인 선구자다. 그는 1997년에 출간한 그의 저서 '21세기 앞에서—디자인이 결정한다'에서 이렇게 말했다.

"국내외에서 천재급의 디자이너를 확보하고, 어려서부터 감각이 있는 청소년들을 디자이너로 육성해야 한다. 또 디자이너들에게 세계 최고급품을 얼마든지 사서 쓸 수 있는 권한을 주는 등 경영자 못지않은 영향력을 발휘하도록 해야 한다. 그래야 세계적 경쟁력을 갖춘 명품이 나온다."

세계 최고급품을 사서 쓸 수 있는 권한. 참 마음에 든다. 이건희의 디자인 경영이 오늘날 삼성을 세계 최고의 기업으로 만들었다는 것은 전문가들도 인정한다. 그는 디자인이 명품을 탄생시킨다는 진리를 일찍이 꿰뚫고 있었다.

제7장

제안제도
이렇게
만들어라

일터를 학습조직으로
만들어라

영상콘텐츠를 제작하여 판매하는 기업 '은빛둥지'는 노인들의 학습 동아리에서 출발하였다. IMF 때 사업이 망해 죽음의 문턱까지 경험한 사람, 사별을 겪은 사람, 은퇴 후 뒷방 늙은이로 전락한 사람, 할 일 없고 갈 곳 없는 평범한 노인들이 모여 컴퓨터를 배우는 학습동아리를 만들었다.

이들은 모두 컴맹이었다. 컴퓨터를 켜는 것부터 시작해 홈페이지를 꾸미고 사진을 찍어서 올리다가 자연스럽게 동영상까지 배웠다. 자신이 만든 영상콘텐츠를 공모전과 영화제에 출품해 입상을 하면서 수익의 가능성을 발견해 창업하였다. 은빛둥지는 언론에 수십 차례 성공한 기업으로 스포트라이트를 받았다. 은빛둥지에는 독특하게도 사장이 없고 학습리더가 있다. 학습으로 출발한 기업이어서 모두가 동등

한 위치다. 학습리더를 맡고 있는 라영수는 은빛둥지의 성공을 이렇게 말했다.

"우리는 학습으로 시작했어요. 기업을 일구려고 한 것도 아닙니다. 노인들이 모여서 컴퓨터 공부를 하다 보니 영상을 배우게 되었고 그 콘텐츠를 팔면서 자연스럽게 학습동아리가 기업으로 바뀌었지요. 지금도 간판은 기업이지만 학습동아리처럼 끊임없이 공부합니다. 영상은 새로운 기술이 계속 나오니까 안 배우면 도태하는 겁니다. 그리고 기업을 하려면 계속 배워야 해요. 그래야 트렌드를 익혀서 거기에 따라가는 거지. 우리는 전 직원이 돌아가면서 외부 교육을 계속 갑니다. 한 달에 백만 원 넘는 교육도 있어요. 교육을 받고 오면 그 사람이 다른 직원들을 또 가르치고 그렇게 계속 배웁니다. 배움이 우리의 성장동력이지요."

'은빛둥지' 직원의 평균 나이는 72세다. 최고령자는 93세. 이들이 최신 트렌드를 반영해야 하는 영상콘텐츠를 제작하는 기업으로 성공한 까닭은 일터가 곧 학습조직이기 때문에 가능했다. 늙음의 약점을 끊임없는 배움으로 커버해 젊은이들과의 경쟁에서 이기고 있다. 평범한 노인이었던 이들은 학습을 통해 평생현역으로 변신하면서 인생 삼모작에 성공했다.

학습조직 이론을 정립한 Senge는 '조직구성원들이 진심으로 원하는 목표를 달성하도록 지속적으로 역량을 확대하고 지식을 공유하면서 끊임없이 배우는 조직'을 학습조직이라고 했다. 구글은 수천 명의 엔지니어가 수백 개의 프로젝트를 진행하면서 단기간에 신제품을 출시하는 시스템이다. 자신이 구상한 프로젝트 아이디어를 그 분야에 전문적인 엔지니어들에게 제안해서 OK하면 3~6명이 팀을 이루어 성과를 내고 팀을 해체한다. 구글의 핵심은 단기간에 집중적인 팀 학습을 통해 팀원의 역량을 극대화시켜 성과를 내는 것이다. 이 과정이 무한 반복되니 구글은 무한 성장한다.

제안왕으로 우리나라 1호 명장에 오른 김규환은 그의 저서에서 "품질관리 분임조 활동을 통해 제품을 개선하고 개발하는 법, 사람 사귀는 법, 돈 버는 법, 효과적으로 공부하는 법 등을 체험으로 배울 수 있었고 정부로부터 훈장 등 수많은 상을 받기도 했으며 가슴에 태극기를 달고 자랑스러운 품질관리 분임조 국가대표가 되었다."라고 했다. 품질관리 분임조는 일터에서 발생한 문제점을 해결하고 창의적 제안으로 생산성을 높이려는 목적으로 수많은 기업이 장려하는 학습조직 활용 기법이다. 조직학습이 정착되기 위해서 같이 일하는 팀원들을 학습조직으로 뭉치게 도와주고 활동비를 지원하면 몇 배, 몇 십 배로 돌려준다. 일터가 곧 학습조직이 되면 조직을 먹여 살리는 제안은 반드시 뒤따라오는 법이다.

상상을 허하라

대마불사. 큰 말은 죽지 않는다는 뜻이다. 이 말이 산업시대에는 통했다. 대기업은 조금 뒤쳐져도 막대한 자본을 무기로 금방 쫓아가 따라잡을 수 있었다. 지금은 어림도 없다. 대기업도 한번 뒤처지면 끝이다. 워크맨으로 독보적인 전성시대를 누렸던 소니와 휴대폰 시장의 절대강자였던 노키아를 보면 알 수 있다. 이들은 어쩌다 최고의 자리에서 초라한 퇴장을 하게 되었을까? 소니는 아날로그 TV를 고수하다 후발주자에게 디지털 TV 시장을 고스란히 내주었다. 노키아는 성공에 취해 변화를 거부하다 쓰나미로 다가오는 스마트폰 시장을 보지 못하고 쓸려 나갔다. 이들의 자리를 빼앗은 기업은 공교롭게도 모두 삼성이다.

그러나 '권불십년 화무십일홍權不十年 花無十日紅'이라 했다. 권력은 십

년을 가지 못하고 꽃은 십 일을 가지 못한다는 말이다. 삼성도 휴대폰 최대시장 중국과 인도에서 샤오미에 자리를 넘겨주는 신세가 되었다. 삼성전자의 영업이익은 2013년에 약 36조 7,900억 원에서 2014년은 25조 300억 원으로 줄어들었다.

상상력의 결핍이다. 싱가포르의 국부로 추앙받는 리센룽은 '탁월함은 기존 틀을 벗어난 생각에서 나온다. 그것만이 불확실성이 도처에 널린 시대에 계속 성공할 수 있는 비결'이라고 하였다. 기존의 사고에서 못 벗어나 눈앞에 다가오는 쓰나미를 조금 큰 파도로 착각하는 것이다. 조직이 크면 의사결정 구조가 복잡해진다. 복잡한 의사결정 구조에서 창조적인 아이디어는 절대 살아남지 못한다. 기발한 아이디어는 기존의 관점에서 현실성 없는 공상으로 치부되고 만다. 안드로이드 창업자 앤디 루빈이 2005년에 삼성전자를 찾아와서 M&A를 요청했지만 단칼에 거절당했다. 삼성전자의 임원은 자신 있게 말했다.

"삼성전자는 그 분야에 2,000명을 투입해 연구를 하고 있습니다."

결국 앤디 루빈은 구글로 발길을 돌렸고 구글은 '얼씨구나!' 하며 5,000만 달러에 안드로이드를 호로록. 지금 안드로이드의 가치는 추산하기 힘들 정도다. 그런데 삼성전자의 임원이 자신 있게 말하던 그 2,000명은 여태 뭘 하고 있었을까? 그들은 우수한 인재들이고 분명히 안드로이드보다 많은 연구원을 투입했을 텐데. 상상력의 막힘이다. 창의적인 아이디어가 의사결정 서바이벌에서 탈락해버린 것이다.

미국 방위고등연구계획국 DARPA는 핵전쟁이 일어나도 가동되는 컴퓨터 네트워크 아르파넷ARPANET을 연구하다 인터넷을 개발했다. DARPA의 연간 예산은 약 3조 원에 이른다. 그런데 연구실이 따로 없고 직원은 210명이 전부다. 대학과 연구소에서 프로젝트가 제안되면 프로젝트 매니저 140명이 지원을 한다. 의사결정 구조는 2단계로 프로젝트 매니저와 연구 개발자뿐이다. 현재 연구가 진행되는 과제들은 상상력을 자극한다. 투명망토, 곡선으로 날아다니는 마법탄환, 형태가 자유롭게 바뀌는 액체로봇 등을 개발하고 있다. DARPA의 성공비결은 프로젝트 제안자의 상상을 높이 사고 현실로 바꾸어가는 데 있다. 실패해도 책임을 묻지 않는다. 연구과정에서 다양한 연구 성과물이 나오기 때문이다. 인터넷과 GPS가 그렇게 탄생했다.

오늘날 모든 기업에서는 제안제도를 운영하고 있다. 그러나 우리의 상상력을 자극하는 탁월한 아이디어는 제안에 잘 채택되지 않는다. 기존의 방식과 관점을 가지고 있는 심사위원들에게 막히기 때문이다. 7년 전에 「RFID를 이용한 국방물자 정비관리 시스템」을 군사 제안으로 낸 적이 있다. 심사위원은 "이런 거는 아직 일러. 십 년 뒤에는 모를까."라고 했고 당연히 떨어졌다. 지금 그 시스템은 지금 S기업에서 막대한 돈을 받고 군에 납품하고 있다.

만약 그때 그 제안이 채택되어 실현되었더라면 모든 군수물자에 적용이 되어 해외로 수출까지 되었을 것이다. 주위를 둘러보자. 당신도 안드로이드의 앤디 루빈 같은 사람을 경쟁업체로 내몰고 있는 건 아닌지. 알리바바의 마윈 회장은 90%가 찬성한 아이디어는 이미 쓸모가 없다고 말했다. 조직이여, 제발 상상을 허하라!

보상은 즉각,
화끈하게 하라

소탐대실. 작은 것을 탐하다가 큰 것을 잃는다는 말이다. 예나 지금이나 이러한 사례는 많다. 일본 기업 '니치아 화학'은 작은 중소기업이었지만 1993년 대변혁이 일어났다. 직원 나카무라 슈지가 「청색 LED」를 개발하면서 연간 1조 원 이상의 매출을 올리는 대기업으로 화려하게 변신한 것이다.

그러나 나카무라 슈지에게 돌아온 것은 고작 보상금 2만 엔(20만 원)과 과장 진급. 배신감을 느낀 나카무라 슈지는 회사를 관두고 미국으로 이민을 떠났다. 그리고 소송을 제기해 8억 4천만 엔(84억 원)을 보상받았다. 그리고 그는 2014년 노벨 물리학상을 수상했다. 국적은 미국. 일본과 니치아 화학은 천재 석학을 미국에 선물했다. 일본의 입장에서는 국부의 유출이고 손실이었다. 일본 국민들은 니치아 화학에

분노했다. 앞으로 니치아 화학의 운명은 어떻게 될까? 아마도 제2의 '청색 LED' 개발은 없을 것이다. 어떤 직원이 이런 회사에서 제안을 하고 발명을 하겠는가?

직원의 우수한 제안은 조직의 지속가능한 성장과 직결된다. 그러나 제안에 대한 보상을 머뭇거리면 제안자는 조직에 실망하고 더 좋은 조건을 제시하는 경쟁회사로 떠날 준비를 한다. 반대로 제안에 대한 보상을 적극적으로 하면 구성원들은 자신의 업무에 집중하며 제안거리를 찾고 또 찾는다. 결국 제안왕은 조직이 만드는 것이다. 하루에도 몇 건씩 제안 아이디어를 내는 제안왕들은 생산비용을 절감하고 일하는 문화를 개선하는 등 일당백의 역할을 해낸다. 우수한 제안에 대해 즉각적이고 화끈한 보상을 하면 반드시 조직을 먹여 살리는 제안왕이 탄생한다.

세계 최고의 자동차 생산 기업으로 성장한 도요타는 가이젠(改善·개선) 문화로 유명하다. 가이젠은 도요타가 비용 절감을 위해 1990년대 초에 내놓은 생산성 혁신운동으로 생산라인과 작업환경 개선이 핵심이다. 개선의 주도는 회사가 아니라 생산현장 직원의 제안으로 이루어진다. 도요타는 2009년 대량 리콜 사태로 소비자들의 신뢰가 땅에 떨어져 다시 1등으로 복귀하기 힘들어 보였다. 그러나 도요타 아키오 사장은 "2009년의 리콜 사태를 가이젠으로 돌파하고 2014년 사상 최대의 실적을 올렸다."라고 위기 탈출을 자신 있게 선언했다. 가이젠으로 다시 일어선 것이다. 도요타 가이젠의 경쟁력은 무엇일까?

도요타의 생산현장을 직접 방문해 그 비결을 찾았다. 필자를 안내하던 직원은 "작년에 총 64만 건의 제안이 있었고, 그중에 90%가 채택되어 생산현장에 적용되었다."라고 말해주었다. 도요타 생산현장에는 제안 게시판이 곳곳에 걸려 있고 제안자들의 아이디어가 빼곡히 적혀 있었다. 그곳에서 낯선 광경을 마주했다. 퇴근시간 무렵 팀장이 제안자들을 호명하고 평가에 따른 보상금을 즉시 지급하는 장면. 제안에 대한 보상을 당일 지급받는다니 이 얼마나 신나는 일인가! 보상금을 지급받고 하루를 마감하며 퇴근하는 직원들의 발걸음은 얼마나 가벼울까? 그날 보상금을 지급받은 직원은 이렇게 말했다.

"돈을 받아서 좋기도 하지만 저의 제안이 생산현장에 바로 반영이 되니까 더 기쁩니다. 회사에서 저의 가치를 인정받는 기분이 들지요. 오늘도 제안 보상금을 받았으니 보람 있는 하루를 보낸 것 같아요. 좀 전에 새로운 제안을 찾았는데 집에 가서 구체적으로 정리할 생각입니다."

이처럼 제안에 대한 즉각적이고 화끈한 보상은 직원들을 늘 공부하게 한다. 칭찬은 고래를 춤추게 하지만 직원들을 춤추게 한 것은 제안에 대한 즉각적이고 화끈한 보상이다.

제안 플랫폼을
만들어라

아이디어 공유 플랫폼으로 사업에 성공한 회사가 '쿼키Quirky'다. 쿼키 홈페이지에 아이디어를 올리면 회원들이 평가를 하고, 좋은 아이디어는 사업화로 진행을 시킨다. 그렇게 탄생한 것이 구부러지는 멀티탭과 케이블 선 정리기 등 기발한 물건들이다. 쿼키가 생산하는 물건들은 소비자들에게 호평을 받으며 전 세계에 수출되고 있다. 쿼키의 경쟁력은 아이디어를 공유하고 사업화하는 플랫폼에 있다. 이 플랫폼으로 쿼키는 60만 명의 회원을 보유하고 300개 이상의 제품을 만들어 500억 이상의 수익을 올리고 있다.

우리나라에도 이와 유사한 '아이디어 오디션'이라는 회사가 있다. 이름에서 알 수 있듯이 '아이디어 오디션'은 쿼키처럼 아이디어 공유 플랫폼을 기반으로 한다. 회원들이 사업 아이템을 제시하면 아이디어

오디션을 통해 좋은 평가가 많은 아이템이 살아남아 전문가들한테 도움을 받고 본격적인 사업으로 이어진다.

요즘 이 회사 잘 나간다. 사업에 성공하기 위해서는 철저한 시장 분석을 통해 소비자의 니즈를 분석해야 하는데 아이디어 공유 플랫폼을 통해 분석과 검증이 철저하게 이뤄진다. 그걸 통과한 아이디어만 사업화로 이어진다. 아이디어 공유 플랫폼의 이면에는 철저한 시장원리가 작동한다. 결국 경쟁력 있는 아이디어만 살아남는다. 그래서 성공 가능성이 높다.

플랫폼은 기존의 자원을 서로 공유해 새로움을 창조하는 모델이다. 지식산업 시대에는 「제안공유 플랫폼」이 필수다. 제안공유 플랫폼이란 제안공유 홈페이지와 스마트폰 앱을 만들어 수시로 구성원들이 아이디어를 제안하고 직접 심사에 참여를 하는 시스템으로 필자가 만들었다.

특히 제안평가를 심사위원이 하는 것이 아니라 조직 구성원들이 직접 참여해 '좋아요' 또는 댓글을 달아 평가를 하는 점이 기존 제안시스템과 다른 점이다. 실무와 현장을 가장 잘 아는 구성원들이 직접 평가에 참여하니 현장에 바로 적용될 가능성이 높다. 또한 구성원들이 조직의 문제점들에 대하여 고민하고 해결방안을 제안하는 과정에서 조직은 역동적인 학습공동체로 변화한다.

기존 제안시스템의 가장 큰 문제는 정작 제안을 적용해야할 현장 근로자들에게 제안에 대한 공유가 원활하지 못했다는 점이다. 제안에 대한 데이터베이스가 구축되지 않아 시간이 지나면 똑같은 제안이 올라오기도 하고 시대를 앞서 나가 탈락한 기발한 제안이 영원히 사장되는 안타까운 경우도 있었다. 그러다 보니 모든 조직에서는 제안을 장려하지만 현장의 직원들에게는 제안왕들만 참여하는 '그들만의 리그'로 인식되기도 하였다. 그리고 일부 심사위원들이 제안을 심사하고 평가하는 기존 시스템은 그동안 많은 문제를 가지고 있었다. 제안왕들은 제안 심사과정에서 심사위원장이나 직급이 높은 사람의 주관적인 견해에 따라 제안의 채택이 결정되는 경우를 자주 경험했다고 밝혔다.

　　또한 현장을 잘 모르는 심사위원이 부풀려진 제안효과에 현혹되어 우수한 제안이 묻히기도 하고 나눠 먹기식의 어이없는 제안심사를 경험하기도 하였다고 한다. '제안공유 플랫폼'을 통하면 이러한 문제가 한 방에 해결된다. 현장을 가장 잘 아는 구성원들이 제안을 심사하고 채택하여 공정성이 확보된다. '제안공유 플랫폼'에서 자동으로 제안 데이터베이스가 만들어져 중복제안을 차단하고, 구성원들은 우수한 제안을 참고하여 새로운 제안을 하도록 도와주는 제안 매뉴얼의 기능도 한다. 그리고 제안심사를 위해 심사위원을 섭외하는 수고, 완벽한 발표를 위해 떨리는 마음으로 준비를 하는 제안자의 부담, 심사현장에 가기 위해 자리를 비워야 하는 비효율도 차단할 수 있다.

지식산업 시대에는 정보를 원활하게 공유하는 조직과 구성원이 경쟁력을 갖고 살아남는다. 지식은 또 다른 지식과 유기적으로 융합되어서 전혀 새로운 지식을 탄생시킨다. 이것은 비용을 절감하여 생산성을 높이는 것은 물론 새로운 사업을 열어주는 역할을 하기도 한다. '제안공유 플랫폼'의 핵심은 집단 지성을 효과적으로 활용하는 것이다. 스마트폰으로 인해 아이디어 공유가 언제, 어디서나, 누구든지 가능해졌다. 이를 활용해 구성원들의 집단 지성에서 아이디어, 제안을 이끌어내는 조직이 퍼스트 무버가 될 것이다. 기차만 서는 플랫폼이 아니라 생각과 상상이 머무르는 플랫폼을 만들어야 할 때다.

추천사

손석희(JTBC 사장, 앵커)

4년 전 어느 날, 전혀 예상치 못한 전화 한 통을 받았다. 돌아가신 나의 아버지가 한국전쟁 때 받은 훈장이 두 개가 있는데 찾아가라는 것이었다. 부친은 한국전쟁에 소위로 참전하셨고, 많은 무용담을 들었던 건 아니지만 운 좋게 살아남으셨다는 것은 이미 알고 있었다. 아무튼 전쟁이 끝나고 60년 만에 아버지의 훈장은 아들의 손에 들려와 현재 책장 한구석을 장식하고 있다.

그때 전화를 했던 사람이 바로 김정진 교수였다. 당시 그는 군에 있었고, 육군의 훈장을 찾아주는 업무를 맡고 있었다. 나는 그가 이 책을 냈다고 했을 때 그리 놀라지 않았다. 당시 두어 번의 만남을 통해 그가 얼마나 자신의 일에 자부심을 갖고 있는지, 또한 그 일을 개선하기 위해 헌신하고 있는지를 알고 있었기 때문이다. 예를 들면 훈장을 찾아가는 가족들에게 금전적 부담을 줄이기 위한 개선책이나 뒤늦게 국립묘지로 모셔야 하는 경우 그 절차의 복잡함을 줄이기 위한 개선책 등등.

이 책은 김 교수뿐 아니라 그와 같은 노력을 지속해온 많은 제안왕들의 얘기가 담겨 있다. 바로 그런 이들 덕분에 나처럼 생각지도 못한 국가유공자 가족들도 생겨나는 것이 아니겠는가!

최운실(아주대학교 교수, 前 국가평생교육진흥원장)

저자이신 김정진 박사를 보면서, 그를 아는 많은 사람들은 늘 '인 간승리'라는 단어를 떠올리곤 한다. 일찍이 제안왕으로 이름을 날린 그는 힘든 군 생활 속에서도 박사학위를 거머쥐었다. 그리고 이내 부 사관에서 교수로 전격 발탁되어 교육자로서 새로운 제2의 인생을 맞 고 있다. 참으로 대단한 반전을 일군, 드라마틱한 삶의 주인공이 아 닐 수 없다.

이 책에는 김 박사처럼 결코 녹록치 않은 삶의 질곡 속에서도 굴하 지 않고 당당히 '제안왕'의 반열에 이름을 올린 사람들의 감동적인 스 토리가 빼곡히 담겨 있다. 책의 서문에서부터 쉽사리 눈을 뗄 수 없 는 진한 감동이 밀려온다.

그와 너무도 닮은꼴인 전국의 제안왕들을 만났다. 그리곤 이내 그들의 삶에서 나타나는 번뜩이는 아이디어들을 독자들에게 생생하게 전하고 있다. 그 어디서도 쉽게 만나 볼 수 없는 신선하고도 파격적인 일상의 지혜를 만나 보라고 권하고 싶다. 이른 새벽 강둑길을 걷다 만난 듯이 신선한 이슬처럼 풋풋한 그들의 삶과 생각들이 바로 '대한민국의 희망'과도 같아 반갑게 느껴진다.

김재현(호산대학교 부총장)

　김정진 박사는 항상 '정진'하는 인생을 살고 있다. 그는 '제안'과 '발명'을 통해 조직의 혁신을 선도하고 경쟁력을 강화하는 삶을 살고 있다고 확신한다. 수년간 김정진 박사가 활동하는 모습을 지켜보며 그가 몸담고 있는, 그리고 앞으로 몸담을 조직은 활력이 넘치며 새로운 생명을 가질 수 있을 것이라는 기대를 가져왔다.

　조직은 항상 변화를 요구하며, 변화하지 않는 조직은 경쟁에서 살아남을 수 없다. 조직구성원들이 무심코 지나치는 것들에 대해 관심을 갖고 창의적인 아이디어를 통해 새로운 제안을 하는 것은 쉽지 않은 일이다. 이 책에는 제안을 통해 자신과 조직을 변화시킴으로써 독보적인 경지에 오른 14인의 제안왕들의 뜨거운 이야기가 담겨 있다. 그들은 제안 하나로 청소부, 경비원, 기능공에서 대한민국 명장, 대기업 임원, 교수, CEO로 삶을 경이롭게 변화시켰다. 그들의 이야기는 생생한 삶의 현장이었고, 한 편의 인생 드라마였다. 곳곳에서 제안왕들의 진한 삶의 향기와 지혜가 나를 흥분시켰기에 단숨에 책을 읽어 나가게 만들었다.

이제 나와 같은 조직에서 같은 구성원으로 김정진 박사를 만나게 되면서, 학령인구 격감 시대라는 위기에 처한 지방대학에서 펼쳐질 그의 활약상을 기대해본다. 그리고 그는 분명 '옴팔로스omphalos'의 역할을 하리라 확신한다. 험난한 파도를 헤쳐 새로운 대륙을 발견한 콜럼버스처럼 김정진 박사는 항상 변화와 혁신의 선도자가 될 것이다. 흙이 쌓여 산을 이루는 토적성산土積成山의 포부를 지닌 김정진 박사의 멋진 항해를 기대해본다.

인생을 새롭게 디자인하고
상상을 현실로 만드는 제안의 힘!

권선복(도서출판 행복에너지 대표이사,
대통령직속 지역발전위원회 문화복지 전문위원)

역사를 공부해보면 오래전에 이미 시대를 앞서갔던 다양한 리더들을 접하게 됩니다. 그리고 국가를 부국강성하게 했던 리더십은 시간이 한참 지난 오늘날에도 통용되고 있습니다. 수많은 기업들이 현대의 경영에 접목시키고 있는 현상이 바로 그 증거입니다. 하지만 사람들은 리더의 업적은 잘 기억하지만 그 성공이 있기까지 불철주야 리더를 보좌했던 책사라는 숨은 공신은 자주 잊어버립니다. 미래를 내다보는 혜안으로 앞으로 나아갈 길을 제시했던 책사의 존재는 조직의 운명을 좌우하는 매우 중요한 존재였습니다.

김정진 저자는 바로 책사의 주된 역할인 '제안'의 중요성을 일찍이 깨달았습니다. 저자는 군 간부 재입대 제도를 제안하여 '간부 재입대 1호'라는 이력을 지니고 있습니다. 또한 군 내부에 동아리를 만들어 끊임없는 제안으로 전국발명대회에 입상하는 쾌거를 거두기까지 했습니다. 저자는 제안이 곧 습관이라고 말합니다. 어떻게 하면 지금보다 더 나은 환경으로 개선될 수 있을지에 대한 생각을 항상 하기에 끊임없이 새로운 제안을 할 수 있었습니다. 단지 불편함을 편하게 바꾸자는 발상에서 시작된 한 사람의 제안이 우리 모두와 사회를 바꾸는 위대한 힘을 발휘하고 있는 것입니다. 군인의 신분임에도 스스로 부단히 노력하여 박사학위를 취득하고, 영예스로운 군생활 17년을 마침과 동시에 호산대학교 유아교육학과 교수로 변신한 김정진 저자에게 힘찬 응원의 박수를 보내드립니다.

『제안왕의 비밀』은 저자를 포함하여 제안왕에 올라 놀라운 변화를 이뤄낸 사람들의 이야기를 담아낸 책입니다. 자신의 삶은 물론 몸담고 있는 조직까지 새롭게 변화시키는 제안의 비밀이 펼쳐집니다. 제안이라는 발상으로 삶을 새롭게 디자인한 저자와 같이 여러분을 이 놀라운 제안의 세계로 초대하고 싶습니다. 바로 이 책이 더욱 많은 사람을 제안왕으로 만드는 역할을 하기를 기대해보며 모든 독자들의 삶에 행복과 긍정의 에너지가 팡팡팡 샘솟기를 기원드립니다.

1598년 11월 19일 - 노량, 지지 않는 별
장한성 지음 | 값 15,000원

현재 공인회계사이자 세무사로 활동 중인 장한성 저자의 두 번째 장편소설이다. 고증을 바탕으로 한 이 팩션Faction은 현재 우리 대한민국에서 살아가는 모든 이들에게 삶의 진정한 의미는 무엇인지, 이 혼란한 시대를 이겨낼 힘은 과연 무엇인지에 대해 이순신 장군의 삶을 그려내며 진지하게 묻고 있다.

생각과 말과 행동의 방정식
윤영일 지음 | 값 15,000원

『생각과 말과 행동의 방정식』은 행복으로 가는 길, 참된 이정표가 될 만한 깨우침을 가득 담은 책이다. 동서양의 고전과 선지자들의 일화에서 옥구슬같이 빛나는 혜안과 통찰을 뽑아내어 따뜻한 필치로 잔잔히 이야기를 풀어 나간다.

부모의 변화가 아이를 살린다
박영곤 지음 | 값 15,000원

책 『부모의 변화가 아이를 살린다!』는 늘 아이 걱정에 고민이 많은 부모들이 스스로 긍정적으로 변화해야 자녀의 삶 역시 행복에 한걸음 더 가까워질 수 있음을 깨닫게 하는 '멘탈 혁신 자녀교육서'이다. 또한 세부적인 멘탈코칭 Tip을 제시하여 부모들이 아이 교육에 바로 활용이 가능하도록 구성되어 있다.

사랑은 왜 낮은 곳에 있는가
이우근 지음 | 값 15,000원

책 『사랑은 왜 낮은 곳에 있는가』는 근래 대한민국의 부끄러운 현실을 엄정히 그려내면서도 미래에 대한 기대와 희망을 놓지 말아야 한다는 격려를 한꺼번에 담아낸 칼럼집이다. 우리 사회가 안고 있는 난제들을 어떠한 방식으로 풀어내야 하는가에 대해 때로는 차분하게, 때로는 속이 시원하게 전하고 있다.

제4차 일자리 혁명

박병윤 지음 | 값 15,000원

JBS일자리방송의 박병윤 회장이 전하는, '일자리 혁명을 통해 선진국으로 도약할 대한민국의 청사진'을 담은 책이다. 현재 대한민국의 일자리 문제가 현 정부에서 추진하는 창조경제 정책이 올바로 시행되지 않고 있음에서 그 원인을 찾고 '방통융합 활용 일자리창출 콘텐츠'의 실행을 통해 일자리 혁명을 일으켜 해결책을 찾을 것을 제안하고 있다.

금융회사의 내부통제

김양권 지음 | 값 25,000원

선진은행들은 우리나라보다 더한 성과주의 문화 속에 살고 있지만 그들의 금융사고는 우리보다 훨씬 적다고 한다. 이 책은 그 이유는 무엇인지를 세심히 살펴보고, 오랫동안 선진국의 금융관행을 보고 배웠음에도 우리 금융회사들이 놓치고 있는 것에 대해 제시한다.

귀뚜라미 박사 239

이삼구 지음 | 값 17,000원

저자는 '귀뚜라미'가 지금의 대한민국 실정에 가장 적합한 미래인류식량이라고 강력히 주장한다. 단백질, 비타민, 무기질, 불포화지방산 등 영양소가 풍부하게 함유되어 있기 때문이다. 이렇게 영양학적으로 완벽하고 환경친화적인 귀뚜라미는 향후 발생할 식량위기에 대처하는 데 최적의 상품임을 이 책은 말하고 있다.

신입사원은 무엇으로 성장하는가

홍석환 지음 | 값 15,000원

저자는 30년 동안 인사 분야 전문가로 삼성, GS칼텍스, KT&G와 같은 대기업에서 근무해 왔다. 다양한 인사 경험과 이론을 쌓고 자신만의 컨설팅을 바탕으로 사회 내에서 자신의 자리를 공고히 하는 데 힘써온 사람이다. 그의 이러한 노하우가 담겨있는 인사교육 현장의 목소리에 우리는 귀 기울여야 할 것이다. .

사랑해야 운명이다
김창수 지음 | 값 12,500원

책 『사랑해야 운명이다』은 2015 한국HRD대상 명강사 부문 대상 수상자이자 희망아카데미 대표인 김창수 저자의 '세상을 향한 따뜻한 사랑을 담은 시집(詩集)'이다. 독자의 마음에 깊은 흔적이 아닌, 가만히 가져다대는 따뜻한 손과 같은 온기를 전하며 "살아 있는 한, 희망은 유효하다."라는 평범한 진리를 진솔한 목소리로 노래한다.

리콴유가 말하다
석동연 번역 · 감수 | 값 17,000원

이 책은 하버드 대학의 그래엄 앨리슨 교수, 로버트 블랙윌 외교협회 연구위원이 리콴유 전 총리와의 인터뷰, 그의 저서와 연설문을 편집하여 출간한 책이다. 총 70개의 날카로운 질문에 리콴유는 명쾌하고 직설적이며 때로는 도발적으로 답변한다. 도처에 실용주의자로서의 그의 진면목이 잘 드러나 있으며 깊이 있는 세계관과 지도자관을 음미할 수 있다.

대한민국을 읽다
김영모 지음 | 값 15,000원

『대한민국을 읽다』는 1934년부터 1991년까지의 대한민국, 그 생생한 역사의 주요 현장을 도서와 문서 자료를 통해 들여다본 책이다. 25년 가까이 국회도서관에서 근무를 했고 출판사의 대표직을 맡으며 평생 책과 함께해 온, 지금도 산더미처럼 쌓인 책의 틈바구니에 간신히 몸을 밀어 넣어 책과 씨름하고 있는 한 독서인의 뜨거운 열정을 고스란히 담고 있다.

도담도담
티파니(박수현) 지음 | 값 15,000원

『도담도담』은 종로 YBM어학원에서 16년째 강의를 하고 있는 인기강사 '티파니' 박수현이 2030 청년들에게 들려주는 행복의 메시지다. 때로는 두 손을 꽉 붙잡고 어깨를 도닥여주는 위로를, 때로는 정신이 번쩍 들게 하는 일침을, 때로는 경험에서 진득하게 우러나온 조언을 친근한 언니 혹은 누나의 목소리로 전하고 있다.

천국 쿠데타(1, 2권)

민병문 지음 | 각 권 값 15,000원

소설 『천국 쿠데타』는 '천국'을 배경으로 우리에게 친숙한 성경 속 인물과 안중근, 정약종 같은 역사적 인물들을 등장시켜 색다른 재미를 안겨준다. 문학만이 펼칠 수 있는 독특한 상상력의 세계가 펼쳐짐은 물론, 종교라는 무거운 주제를 인문학적으로 접근하며 독자의 가슴에 깊은 감동을 새겨주고 있다.

갈 길은 남아 있는데

김래억 지음 | 값 25,000원

책 『갈 길은 남아 있는데』는 격동기에 태어난 한 사람이 역사의 비극 가운데에서 고뇌하며 조국의 근대화에 대한 열망을 품고 축산업과 대북 사업에 일생을 바치며 산업역군으로 성장해가는 과정을 담고 있다. 남북을 넘나들며 통일의 물꼬를 트고자 노력했던 저자의 헌신이 감명 깊게 다가온다.

헌혈, 사랑을 만나다

이은정 지음 | 값 15,000원

이 책은 저자가 혈액원에서 근무하며 만났던 수많은 헌혈자들과의 소중한 일상을 담은 책이다. 매혈에서 헌혈에 이르기까지 겪었던 파란만장한 역사 이야기, 우리가 잘 몰랐던 의학적인 관점에 근거한 혈액형 이야기, 그리고 헌혈과 관련된 수많은 감동적인 이야기로 구성되어 있다.

공공의 적

남오연 지음 | 값 9,000원

이 책은 법조계를 경제학적인 관점으로 재해석한 책이다. 저자는 법률시장이 오랜 기간 지니고 있는 문제점에 대해 당당히 일침을 가한다. 비록 짧지도 길지도 않은 10년이란 경력을 지녔지만, 누구보다도 냉철하게 법률시장의 논리를 꿰뚫고 있고 그 원리를 바탕으로 혁신적인 해결책을 제시하고 있다.

하루 5분 나를 바꾸는 긍정훈련

행복에너지

**'긍정훈련' 당신의 삶을
행복으로 인도할
최고의, 최후의 '멘토'**

'행복에너지
권선복 대표이사'가 전하는
행복과 긍정의 에너지,
그 삶의 이야기!

인터파크
자기계발 분야 주간
베스트 1위

권선복 지음 | 15,000원

권선복

도서출판 행복에너지 대표
지에스데이타(주) 대표이사
대통령직속 지역발전위원회
문화복지 전문위원
새마을문고 서울시 강서구 회장
전) 팔팔컴퓨터 전산학원장
전) 강서구의회(도시건설위원장)
아주대학교 공공정책대학원 졸업
충남 논산 출생

책『하루 5분, 나를 바꾸는 긍정훈련 - 행복에너지』는 '긍정훈련' 과정을 통해 삶을 업그레이드하고 행복을 찾아 나설 것을 독자에게 독려한다.

긍정훈련 과정은 [예행연습] [워밍업] [실전] [강화] [숨고르기] [마무리] 등 총 6단계로 나뉘어 각 단계별 사례를 바탕으로 독자 스스로가 느끼고 배운 것을 직접 실천할 수 있게 하는 데 그 목적을 두고 있다.

그동안 우리가 숱하게 '긍정하는 방법'에 대해 배워왔으면서도 정작 삶에 적용시키지 못했던 것은, 머리로만 이해하고 실천으로는 옮기지 않았기 때문이다. 이제 삶을 행복하고 아름답게 가꿀 긍정과의 여정, 그 시작을 책과 함께해 보자.

『하루 5분, 나를 바꾸는 긍정훈련 - 행복에너지』